NÄH-SCHULE

21 Nähprojekte, die Kinder lieben werden

Amie Petronis Plumley & Andria Lisle

Fotos von Justin Fox Burks

stiebner

Das sind deine Nähschul-Lehrer

AMIE PETRONIS PLUMLEY ist Vorschullehrerin und Mutter von zwei kleinen Kindern.

ANDRIA LISLE ist freie Journalistin und Leiterin der Museumspädagogik des Memphis-Brooks-Kunstmuseums.

Gemeinsam haben sie den »Tag der Nähschule« ins Leben gerufen, bei dem schon Hunderte von Kindern nähen gelernt haben. Wer Näheres dazu erfahren möchte: Einfach auf ihrem Blog *www.sewingschool. blogspot.com* vorbeischauen!

JUSTIN FOX BURKS ist Fotograf und lebt in Memphis.

Sewing School
© 2010 by Andria Lisle and Amie Petronis Plumley
Originally published in the United States by Storey Publishing, LLC

Lektorat: Deborah Balmuth und Cindy A. Littlefield
Gestaltung: Jessica Armstrong

Fotografie: © Justin Fox Burks
Schnittmuster: Missy Shepler

Titel der Originalausgabe: Sewing School. 21 Sewing Projects Kids Will Love to Make

Bibliografische Information der Deutschen Nationalbibliothek
Die Deutsche Nationalbibliothek verzeichnet diese Publikation in der Deutschen Nationalbibliografie;
detaillierte bibliografische Daten sind im Internet über http://dnb.dnb.de abrufbar.

© 2018 der deutschen Ausgabe
Stiebner Verlag GmbH, Grünwald

Übersetzung aus dem Englischen: Marianne Harms-Nicolai

Satz und Redaktion der deutschen Ausgabe: Verlags- und Redaktionsbüro München,
www.vrb-muenchen.de

ISBN 978-3-8307-2053-9
Printed in Hungary
www.stiebner.com

Verlagshinweis: Wir produzieren unsere Bücher mit großer Sorgfalt und Genauigkeit. Trotzdem lässt es sich nicht ausschließen, dass uns in Einzelfällen Fehler passieren. Unter www.stiebner.com/errata/2053-9.html finden Sie eventuelle Hinweise und Korrekturen zu diesem Titel. Möglicherweise sind die Korrekturen in Ihrer Ausgabe bereits ausgeführt, da wir vor jeder neuen Auflage bekannte Fehler korrigieren. Sollten Sie in diesem Buch einen Fehler finden, so bitten wir um einen Hinweis an verlag@stiebner.com. Für solche Hinweise sind wir sehr dankbar, denn sie helfen uns, unsere Bücher zu verbessern.

Für unsere Mütter Suzanne, Betty und Debby, von denen wir unsere Liebe zum Nähen aus erster Hand gelernt haben.

DANKSAGUNGEN

Vielen Dank an die »Nähschul«-Camper in der Memphis' Grace-St. Luke's Episcopal-Schule, ohne deren Talent und Begeisterung dieses Buch niemals möglich gewesen wäre. Sie – und all die Kinder, die mit uns genäht, gelacht und ihre Ideen geteilt haben – erfüllten es mit Leben. Auch unseren Familien (Amy Lawrence, Cassius Lisle, Eric, Phoebe und Frank Plumley) danken wir sehr für ihre liebevolle Geduld, besonders während der Monate, in denen wir über nichts anderes mehr sprechen wollten als über diese Nähschule! Zu tiefem Dank sind wir auch Kevin Barré verpflichtet, der uns auf unseren Autorenfotos gut hat aussehen ließ; Millett Vance und Gene Rossetti von Flashback; Dr. Karnes und den Mitarbeitern der zentralen Tierklinik; dem Lickety-Split-Eismann Joe Patty; und Bill York, der uns fröhlich mit Locations und Requisiten versorgte. Dem Rektor Tom Beazley, der Verwaltung, den Familien und Schülern der Grace-St. Luke's Episcopal-Schule dafür, dass wir ihren Campus bevölkern durften, sowie für ihre Unterstützung und die vielen wundervollen Anregungen und Inspirationen.

Ein ganz besonderer Dank geht an Katie Donald und Libby Shannon, deren Muster wir ausprobieren durften und die uns im Sewing Club mit Ideen reich beschenkten; sowie an Deborah Balmuth und Alethea Morrison und auch sonst alle Mitarbeiter von Storey Publishing: Sie haben an uns geglaubt und uns geholfen, unsere Visionen in die Tat umzusetzen.

Auch den Leserinnen und Lesern unseres Nähschul-Blogs danken wir, die unsere Leidenschaft für das Nähen mit Kindern teilen, sowie Robert Gordon, Tim Duggan und Doug Halijan für ihre professionelle Begleitung auf unserer Reise durch unseren Verlagsvertrag.

INHALT

WILLKOMMEN IN DER NÄHSCHULE!

KUSCHELN

SUPER PRAKTISCH

GESCHENKE

ZUM ANZIEHEN

RECYCELN & REPARIEREN

TIERKLINIK

AN UNSERE LESERINNEN UND LESER

Hallo! Schön, dass du dich für unsere Nähschule interessierst! Als wir so jung waren wie du, konnten wir es gar nicht abwarten, endlich nähen zu lernen, um selbst etwas herstellen zu können.

Amie hatte Glück. Ihre Mutter brachte ihr das Nähen schon als Mädchen bei. Amie liebte es, sich selbst etwas zum Anziehen zu nähen. Sie lernte, Knöpfe anzunähen und Flicken auf ihre Vintage-Kleider aus dem Second-Hand-Laden zu setzen. Einmal trug Amie einen Rock, der aus einer einzigen Stoffbahn bestand, in die sie sich hineingewickelt und die sie mit Sicherheitsnadeln festgesteckt hatte!

Andrias Mutter nähte auch. Weihnachten fand Andria immer selbstgemachte Kuscheltiere und Puppen unter dem Baum, und jeden Frühling suchten sie zusammen einen Kleiderschnitt aus, den ihre Mutter dann bis Ostern zusammenzauberte. Mit den Stoffresten ihrer Mutter lernte Andria, selbst zu nähen. Sie fing mit kleinen Decken und Kissen für ihre Teddybären an.

Jetzt, wo wir erwachsen sind, können wir uns ein Leben ohne das Nähen gar nicht mehr vorstellen. Amie stieg nach dem College wieder in die Näherei ein, weil sie nirgendwo süße Sachen finden konnte, die ihr gefielen. Heute näht sie für sich selbst Röcke sowie Pyjamas für ihren Mann, Kleidung für ihre Kinder Phoebe und Frank – sogar Spielzeug für ihre beiden Katzen. Amie unterrichtet im Kindergarten und betreibt nachmittags einen Nähclub für ihre Schülerinnen und Schüler.

Andria arbeitet in einem Kunstmuseum; sie ist immer und überall auf der Suche nach ungewöhnlichen Stoffen aus der ganzen Welt. Am liebsten näht sie neue Kissen fürs Zuhause und Decken für ihren Hund Cassius. Letzte Weihnachten hat sie mit ihrer Nichte Maclin nähen geübt.

Wir unterrichten gerne Kinder in unserer Freizeit. Jeden Sommer veranstalten wir ein Nähschulen-Tagescamp in Amies Schule. Unsere Teilnehmer sind zwischen fünf und 13 Jahre alt und haben alle Projekte in diesem Buch schon einmal getestet. Und sie standen für unseren Freund Justin, der die Fotos gemacht hat, als »Models« vor der Kamera. Mit Kindern zu arbeiten ist toll!

Das Nähen selbst ist ja recht einfach – aber vielleicht möchtest du doch noch mehr darüber lernen, wie man mit Nadel und Faden umgeht? Wie man Kuscheltiere näht und ausstopft? Wie du Geschenke für deine Familie selbstmachen kannst? Alle Anleitungen in diesem Buch sollen dir dabei helfen. Du kannst sie aber auch jederzeit nach deinen eigenen Wünschen abändern.

Wir haben uns sehr darauf gefreut, dieses Buch zu schreiben. Unser Traum ist, dass irgendwann alle Kinder auf der ganzen Welt nähen lernen. Mit unserem Buch könnt ihr das jetzt auch zu Hause tun oder wo immer ihr seid. Jedenfalls würden wir uns sehr darüber freuen, wenn ihr euch auch einmal so wie wir für das Nähen begeistern könntet.

Wer weiß?

Vielleicht seid *ihr* dann eines Tages diejenigen, die ihre Freude am Nähen an die Kinder der nächsten Generation weitergeben.

XOXO *Amie + Andria*

Amie Petronis Plumley & Andria Lisle

Eine Einleitung für Erwachsene

Sie werden sehen: Ihre Kinder für das Nähen zu begeistern, ist mit unserer kleinen »Nähschule« sehr einfach. Sind erst einmal ein paar Basisfertigkeiten erlernt, möchten die meisten mit dem Nähen gar nicht mehr aufhören.

Genau hier setzt unser Buch an: Mit seinen auf »Projektarbeit« ausgerichteten Methoden zur Wissensvermittlung lernen Eltern, Erzieher und Kinder eine sehr spielerische Art des praktischen Lernens kennen, wie sie etwa in der Arbeit von Montessori- und Waldorfschulen schon lange erfolgreich zum pädagogischen Konzept gehört. Zu jedem neuen Projekt finden Sie einen »Hinweis für Erwachsene«, mit dem wir Sie auf Arbeitsschritte aufmerksam machen, bei denen die Kinder voraussichtlich Ihre Hilfe brauchen. Die Anleitungen selbst sind sprachlich auf dem Verständnislevel von Fünf- bis Achtjährigen verfasst, die Nähprojekte eignen sich für Kinder von fünf Jahren aufwärts.

In unseren Nähkursen mit jüngeren Kindern haben wir immer wieder festgestellt, dass für die meisten von ihnen ausgebügelte Nähte und ordentliche Säume überhaupt keine Rolle spielen. Wir konzentrierten uns also mehr auf einfache Projekte, die Spaß machen. Das Interesse daran, sich weiter zu entwickeln, kommt dann meist von selbst.

Haben Sie Kinder, die feinmotorisch noch nicht so weit sind, dass sie schon mit Nadel und Faden arbeiten können? Dann zeigen Sie ihnen zum Einstieg doch einfach, wie man mit Bändern und Stickkarton oder Ausnähkarten arbeitet. Oder helfen Sie Ihnen, eine erste, sehr einfache Form zu nähen wie das Kuschelkissen auf Seite 47 oder die Untersetzer auf Seite 86, indem Sie die Stoffteile auf Brusthöhe der Kinder gespannt festhalten, sodass sie Ober- und Unterseite sehen können, während sie Nadel und Faden hindurchstechen. Wir hatten mit dieser Methode schon bei Vierjährigen großen Erfolg.

Fast alle Projekte in diesem Buch werden mit der Hand genäht. Kinder sind allerdings von Nähmaschinen häufig sehr fasziniert. Legen Sie doch mal den Fußschalter auf die Tischplatte, damit Ihr Kind es mit der Hand bedienen und die Nadel in Bewegung setzen kann. Zeigen Sie ihm zudem, mit welchem Hebel man das Nähfüßchen hebt und senkt und wie man den Stoff vorsichtig durch die Maschine gleiten lässt. Wenn Sie nach einer

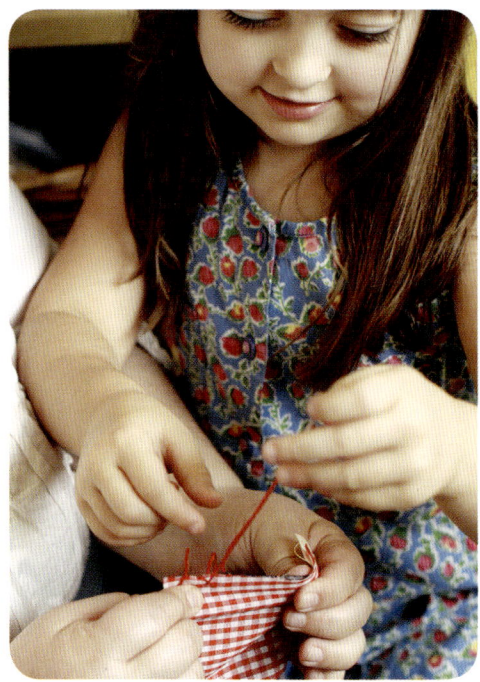

geeigneten Nähmaschine für Ihre Kinder suchen, empfehlen wir, lieber gleich ein einfaches Basismodell für Erwachsene zu kaufen als eine häufig nicht sehr taugliche Spielzeugmaschine.

So kann's losgehen

Unabhängig davon, wie Sie Ihre eigenen Fähigkeiten einschätzen – Ihr Kind kann nähen! Das einzige, was Sie ihm zur Verfügung stellen müssen, sind einige günstige Werkzeuge wie kinderfreundliche Nadeln, Faden und eine Schere.

Ach ja, und Stoff brauchen Sie natürlich auch. Sie können ihn in Stoffgeschäften oder online kaufen (einige Bezugsquellen haben wir Ihnen auf Seite 141 aufgelistet). Sie haben aber auch bestimmt schon einiges zu Hause: zu klein gewordene Kleidung beispielsweise, aussortierte Laken oder Kissenbezüge.

Anfangs brauchen Ihre Kinder wahrscheinlich Hilfe dabei, den Faden einzufädeln und am Ende zu verknoten, aber davon abgesehen können sie mehr oder weniger sofort komplett alleine losnähen.

Optimale Förderung des Konzentrationsvermögens

Mit dem Nähen lernen Kinder, Anweisungen zu folgen und damit eine Fertigkeit zu entwickeln, die sie auch feinmotorisch schult. Das erhöht nachhaltig das Konzentrationsvermögen. Wir sind in unseren Sommercamps immer wieder überrascht, dass plötzlich auch Kinder, die sonst nur wild durch die Gegend rennen, freiwillig ruhig dasitzen und sich auf ihr Nähprojekt konzentrieren wollen. Doch bevor Ihr Kind mit dem Nähen beginnt, sollten Sie mit ihm unsere Nähregeln (Seite 19) besprechen. Investieren Sie bitte außerdem unbedingt in die Werkzeuge, die wir Ihnen empfehlen (Seite 14); sie alle haben die richtige Größe für Kinderhände.

Haben sie einmal begonnen zu nähen, fragen viele Kinder mitten in der Arbeit: »Und was kommt jetzt?« Verweisen Sie sie dann immer wieder auf die Anleitungen dieses Buches, in denen die nächsten Schritte detailliert beschrieben und illustriert sind. Widerstehen Sie der Verlockung, selbst ständig Fäden aufzufädeln und zu verknoten. Führen Sie Ihr Kind lie-

ber durch die Anleitungen in Lektion 5: Auf die Plätze, Fädeln, Fertig! (Seite 20) und lassen Sie es selbst probieren, wie weit es kommt. Damit stärken Sie es in seiner Selbstständigkeit – und in seinem Selbstbewusstsein!

Kreativität fördern

Während des Handarbeitens schweifen viele Kinder immer wieder ab. Ermutigen Sie sie dazu, ihren Projekten beim Nähen eine eigene persönliche Note zu verleihen, wenn sie das möchten. Unter dem Motto »Unverkennbar deins!« haben wir diesem Buch eine Liste mit Ideen zu jedem Projekt beigefügt. Wenn die Kinder lernen, dass sie auch eigene Wege finden können, ein Projekt abzuschließen oder zu erweitern, bekommen sie dadurch mehr Vertrauen in ihre eigenen Fähigkeiten und schulen zudem ihre Fantasie.

Ein toller Impuls für die eigene Kreativität ist das Verwenden von recycelten Stoffen und Materialien. Sie werden staunen, was Ihre Kinder aus einem alten Kissenbezug oder den abgetrennten Knöpfen eines zu klein gewordenen T-Shirts noch alles machen können. Bitten Sie sie zukünftig auch um Hilfe, wenn es etwas zu reparieren gibt, oder lassen Sie sie ihre alten Sachen mit Aufnähern verschönern. Und das Allerwichtigste: Erinnern Sie sie

»Du brauchst nur etwas Stoff, eine Nadel und einen Faden.«
– GRACE, 8

immer wieder daran, dass es nicht perfekt sein muss! Kleine Fehler oder Macken machen Dinge einzigartig, unverwechselbar und liebenswert.

Vermitteln Sie den Kindern zudem unbedingt, dass ihre Nähprojekte nicht in einer Sitzung fertig werden müssen! Sie sollten nur solange nähen, wie sie wirklich Spaß daran haben – das ist das wichtigste!

Nähen in der Gruppe

Als wir uns entschieden, unsere Nähschule als Tageskurs im Sommercamp anzubieten, standen wir auf einmal »Grüppchen« von über 30 Schülern gegenüber – viele von ihnen hatten noch nie eine Nadel in der Hand gehabt. Das war eine Herausforderung – aber wir lernten, dass Nähen in der Gruppe durchaus Spaß macht, und zwar allen Beteiligten!

Natürlich gibt es dabei schon im Vorfeld einiges zu bedenken. Hat man die richtigen Hilfsmittel und Werkzeuge zur Hand? Am besten fädelt man schon mal einige Fäden in die Nadeln. Zum Schneiden und Nähen braucht man flache, saubere Untergründe und gute Scheren.

Im Sommercamp nähten die meisten Kinder an Gruppentischen. Andere machten es sich lieber auf einem Sitzsack oder auf einem gemütlichen Stuhl bequem.

Zweifeln Sie nicht an sich, wenn einige Kinder das Interesse an ihrem Projekt schnell wieder verlieren. Manche lieben es, sich mit Stoffbahnen im Toga-Stil zu verkleiden, andere machen Riesenstiche und können nicht schnell genug fertig werden.

Wir hatten Kinder im Unterricht, die, nachdem sie ihr erstes Soooo-weich-Kissen genäht hatten (Seite 47), für den Rest der Woche in diesem Kurs blieben und Dutzende von Kissen in jeder Farbe

und Größe herstellten. Andere junge Nähbegeisterte steigen mit einem Basisschnitt für eine Tasche ein (Seite 65), nähen dann aber selbstständig auch noch Seitentaschen, Klappen oder Griffe auf und verändern damit das Design.

Wir hatten auch schon Kinder, die hinreißende Püppchen (Seite 53) nähten, sie dann aber bis zur Unkenntlichkeit mit Stoffmarkern und Stiften bemalten. Das ist aber völlig in Ordnung so: Beim Nähen steht die Kreativität im Vordergrund. Und sehr oft sind die Resultate absolut überwältigend.

Diese Tipps haben sich beim Nähen in der Gruppe als sehr hilfreich erwiesen:

* **Bilden Sie überall im Raum unterschiedliche Stationen**: einen Bereich für Nadel und Faden, einen für Stoffe und noch einen für das Ausstopfen.

Stellen Sie Schalen mit Kurzwaren auf jeden Tisch.

* **Legen Sie einen Vorrat an Frischhaltebeuteln** mit Reißverschluss an. Die Kinder können darin ihre Projekte aufbewahren.

* **Sprechen Sie jeden Morgen mit den Kindern über die Sicherheitsregeln** beim Nähen (Seite 19.)

* **Hängen Sie Schritt-für-Schritt-Anleitungen** an die Tafel, die sie mit einem fertiggestellten Muster des Projekts illustrieren.

* **Fertigen Sie mit Pappe** und einem Filzmarker einige Kopien von den Schnitten an, die sie zusammen mit den Anleitungen vorn im Raum aufbewahren.

* **Bieten Sie Anfängern** oder »Nicht-Nähern« möglichst sehr einfache

* Um die Fähigkeiten der einzelnen Schüler zu ermitteln, lassen Sie von einer größeren Gruppe Sooo-weich-Kissen nähen (Seite 47) oder ein Kuscheltier (Seite 49).

Aufräumen

Eine Gruppe junger Nähbegeisterter anzuleiten, ist nicht schwer. Der Raum kann danach aber ganz schön chaotisch aussehen. Benennen Sie Helfer, die zu bestimmten Zeiten folgende Dinge einsammeln:

* **Nadeln und Stecknadeln.** Ein kleiner Metalldetektor mit Magnetstäben kann dabei sehr hilfreich sein.
* **Füllmaterial.** Bestimmen Sie jemanden, der sich nur darum kümmert, die Kissenfüllungsstation wieder in Ordnung zu bringen.
* **Materialien.** Wer könnte regelmäßig die Stoffe falten, sie an ihren Ort zurücklegen und kleinere Reste von Tischen und vom Boden einsammeln?
* **Belohnen Sie die Gruppe** nach dem Aufräumen mit einer kleinen Pause. Vielleicht lesen Sie ihr auch mal etwas aus einem Buch vor, in dem es um das Nähen geht?

Nähen und Erzählen

Am Ende jedes Nähtages sollten Sie ein bisschen Zeit reservieren, in der die Kinder zeigen können, was sie geschafft haben. Dabei können dann auch gleich die verschiedenen Entwürfe und Techniken besprochen werden, mit denen sie ihre Projekte individualisiert haben, und was am besten klappte.

Lassen Sie die vielen Variationen eines Projekts dadurch sichtbar werden. Laden Sie auch gern Erwachsene und Freunde der Kinder dazu ein.

Aufgaben an. Halten Sie dafür auch Webutensilien oder eine Schale mit Perlen zum Auffädeln bereit.

* **Auch Papier und Stifte** sollten Sie im Fundus haben, damit die Kinder ihre eigenen Schnitte entwerfen und Ideen aufzeichnen können.

Bevor wir beginnen

Die Kinder sollen sich beim Nähen frei fühlen. Erinnern Sie sie immer wieder daran, dass sie nicht perfekt sein müssen.

* **Zeigen Sie den Nähanfängern** in kleinen Gruppen, wie sie die Nadeln selbst einfädeln können, z.B. mit einer Einfädelhilfe. Meistern sie diese Aufgabe, dürfen sie sich Belohnungs-»Badges« aus Papier machen und sie an eine »Was ich schon alles kann«-Pinnwand tackern.
* **Machen Sie die wichtigsten Nähschritte** vor, die man braucht,

um ein Projekt fertigzustellen. Wir arbeiten dabei immer gerne in kleinen Gruppen, in denen wir bestimmte Fertigkeiten zeigen.

* **Schildern Sie, wie man das Selbstgenähte** benutzen kann, bevor Sie mit einem bestimmten Projekt beginnen. Fragen Sie die Kinder, ob sie Ideen für Abwandlungen haben. Diskutieren Sie mit ihnen, welcher Stoff am schönsten wäre.
* **Bitten Sie erfahrenere Schüler**, den Anfängern zu helfen.
* **Lassen Sie die Kinder als erstes** ihr eigenes Nadelbuch (Seite 39) nähen – sie können es sehr schön individuell gestalten oder ein Stück Malerkrepp auf die Rückseite kleben, auf das sie ihren Namen schreiben. Erinnern Sie sie daran, die Nadeln nach dem Nähen immer in ihr Nadelbuch zurückzustecken.

Willkommen in der Nähschule!

Kann du schon nähen? Vielleicht haben deine Großeltern dir gezeigt, wie man Nadel und Faden benutzt oder wie man einen losen Knopf annäht? Oder bist du ein echter Anfänger, der es nicht abwarten kann, endlich Nähen zu lernen?

Dieses Buch ist voller toller Nähprojekte, die du lieben wirst. Wir wissen das, weil wir sie schon mit anderen Kindern zwischen 5 und 13 Jahren ausprobiert haben. Aber bevor du anfängst, lies doch bitte dieses Kapitel ganz durch. Du findest hier nämlich noch viele hilfreiche Tipps, z.B. welche Utensilien du unbedingt in deinem Nähkästchen haben solltest und wie du den richtigen Stoff für deine Meisterstücke findest.

Darum geht es in diesem Kapitel unter anderem:

* Wie man den Faden einfädelt und verknotet
* Vorstich und Saumstich
* Wie man einen Knopf annäht

Vor allem aber wirst du lernen, wie du ganz alleine nähen kannst!

»Nähen ist gar nicht so schwer!«
– NIA, 7

»Ich weiß jetzt, wie der Saumstich geht!«
– ELLIE, 6

Wie man dieses Buch benutzt

Unsere Nähschule richtet sich an Kinder im Alter von fünf Jahren aufwärts. Schritt-für-Schritt-Fotos und -Anleitungen machen das Nähenlernen ganz einfach. Damit alles glatt läuft und Spaß macht, findet ihr bei allen Anleitungen zusätzlich diese Tipps und Hinweise.

Schwierigkeitsstufen

Jedes Projekt wird mit ein, zwei oder drei Sternen eingestuft, damit du einschätzen kannst, wie schwierig es ist. Wenn du ganz neu bist, fang am besten mit den leichteren Projekten an und arbeite dich langsam nach oben.

Ein Stern bedeutet ein einfaches Projekt – perfekt für Näheinsteiger geeignet. Du nähst hier höchstens zwei Stoffteile zusammen. Für ein solches Projekt brauchst du ungefähr eine Stunde.

Zwei Sterne bedeuten: Hier kannst du richtig was lernen! Du wirst etwas Neues ausprobieren, z.B. einen Knopf annähen oder eine Nahtkante versäubern. Es kann sein, dass du an einem solchen Projekt ein bisschen länger sitzt – einen oder vielleicht auch mehrere Nachmittage.

Drei Sterne kennzeichnen die schwereren Projekte. Sie werden dich anfangs ein bisschen herausfordern. Du musst mehr Arbeitsschritte bewältigen als bei den anderen, und sie können sich über mehrere Tage oder sogar eine Woche hinziehen.

Auf einen Blick

Hier fassen wir für dich zusammen, welche der gelernten Techniken du brauchst, um das Projekt fertigzustellen. Vielleicht willst du, bevor du loslegst, noch einmal zurückblättern und sie etwas auffrischen?

Für die Erwachsenen

Genau: Hier steht eine Nachricht an deine Eltern oder andere Erwachsene, die dir beim Nähen deines Projekts behilflich sein können.

Was du brauchst

An dieser Stelle sagen wir dir genau, welche Materialien, Stoffe und Hilfsmittel du für das komplette Projekt brauchst. Vieles davon findest du unter deinen Nähutensilien (Seite 14).

Mach dein eigenes Ding!

Alle Projekte in diesem Buch bringen dir Grundtechniken bei. Es liegt bei dir, ob du dem Ganzen noch etwas hinzufügen möchtest. Hier schlagen wir dir vor, wie deine Projekte unverkennbar zu *deinen* werden können.

NÄHSCHUL-REGELN

Diese Regeln gelten für alle!

1. Du musst IMMER wissen, wo deine Nadel ist!

2. Sei beim Nähen vorsichtig!

3. Denke immer daran: Hier muss nichts perfekt sein.

4. Lass dir Zeit!

In deinem Nähkästchen

In das Nähkästchen für Kinder gehören fast die gleichen Sachen wie in das für Erwachsene. Aber das Nähen wird dir mehr Spaß machen, wenn deine Werkzeuge die richtige (Kinder-)Größe haben. Diese Spezialgrößen kosten gar nicht so viel. Wenn du gut darauf achtest, kann du sie lange benutzen.

1. **Spitze Chenille-Nadel, Größe 22.** Die Nadeln sind beim Nähen deine wichtigsten Werkzeuge. Eine Nähnadel hat an einem Ende ein Loch, das man Nadelöhr nennt, und auf der anderen Seite eine Spitze. Verlier deine Nadel nicht – es tut ganz schön weh, wenn man sich versehentlich daran sticht. Heb alle Nadeln stets sicher in deinem Nähkästchen auf.

2. **Nadeleinfädler** (für Nadeln mit großem Nadelöhr). Ein Nadeleinfädler ist ein praktisches kleines Werkzeug, mit dem du den Faden durch das Nadelöhr ziehen kannst. Heb ihn immer sicher zusammen mit deinen Nadeln auf.

3. **Nähgarn.** Am besten nutzt du anfangs ein etwas dickeres Garn als das gewöhnliche Nähgarn. Du kannst zum Beispiel dünnes Perlgarn verwenden, Stickgarn oder auch dünnes Baumwoll-Häkelgarn.

4. **Schere.** Eine gute (Kinder-)Schere ist ein wichtiger Bestandteil deines Nähkästchens. Du brauchst sie, um Stoff oder Faden zu schneiden. Schneide mit deiner Nähschere niemals Papier – sonst wird sie stumpf. Stoff schneidet sie aber am besten, wenn sie ganz scharf ist.

5. **Schneiderkreide und Bleistift.** Zeichne mit Kreide oder Bleistift Schnittmuster und Maße auf deinen Stoff. Kreide ist besonders gut, denn du kannst die Linien nach dem Zuschneiden einfach wieder wegreiben.

6. **Lineal und Maßband.** Mit Lineal oder Maßband kannst du genau vermessen, an welcher Stelle du schneiden und nähen musst. Ein Lineal funktioniert am besten auf einer ebenen Fläche, wie dem Tisch oder dem Boden. Halte aber immer auch ein Maßband bereit, falls du die Formen von Menschen, Tieren oder Gegenständen vermessen musst.

7. **Nadelkissen und Stecknadeln** (mit großen runden Köpfen). Stecknadeln sind sehr praktisch, um Papierschnittmuster auf dem Stoff zu fixieren oder Stoffteile zusammenzustecken. Dein Nadelkissen sollte daher griffbereit sein.

8. **Klemmnadel oder große Sicherheitsnadel.** Wenn du einen Überzug nähst oder Gummilitze durch einen langen, engen Stoffsaum ziehen möchtest, ist eines von beidem eine große Hilfe.

Wo bringst du dein Nähzeug unter?

Hier ein paar Vorschläge von uns.

1. Wie wäre es mit einem schönen Kästchen? Einem Schuhkarton etwa oder einer Zigarrenkiste, die du noch hübsch bekleben könntest – vielleicht in Serviettentechnik mit alten Schnittmustern, Geschenkpapier oder Ausschnitten aus Zeitschriften.

2. Mach dir eine An-die-Arbeit-Schürze (Seite 79) mit kleinen Taschen in der richtigen Größe für deine Nähsachen und ein kleines Nadelkissen.

3. Näh einen extragroßen Zuzieh-Beutel (Seite 70) und verwahre ihn in einem Korb.

4. Such in einem Second-Hand-Laden oder frag deine Eltern nach einem alten Portemonnaie, einer Aktentasche oder einem Rucksack.

5. Du möchtest ein gut sortiertes Nähkästchen haben? Dann verwende doch eine Box für Anglerbedarf oder ein Schraubenmagazin.

Was du über Stoffe wissen solltest

*Manchmal braucht man für die Projekte in diesem Buch ein ganz bestimmtes Material.
In anderen Fällen kannst du den Stoff frei wählen.*

Stoff ist nicht gleich Stoff, das wissen wir aus der Mode! Farben und Muster sagen etwas aus. Sie signalisieren, wie du dich fühlst, wer du bist und was du gerne magst. Vielleicht möchtest du für eine Passtgenau-Hülle (Seite 74) gerne einen Stoff mit Katzenmuster verwenden? Oder möchtest du gern deinem Vater zum Grillen einen rot-weiß-blauen Viel-zuwarm-Topflappen (Seite 92) machen? In Stoffgeschäften findest du viele hübsche Musterstoffe – oder du malst dir einen mit Stoffmarkern auf Nessel.

Du kannst natürlich auch deine Eltern fragen, ob sie dir ein paar alte Laken, Kissenbezüge, Handtücher oder Tischdecken geben können. Vielleicht hast du ja auch selbst noch ein paar Kleidungsstücke, aus denen du bereits herausgewachsen bist? Bevor du etwas zerschneidest, frag aber immer sicherheitshalber noch einmal deine Eltern!

Falls du neue Stoffe kaufst, behalte im Hinterkopf, dass wir für die meisten Projekte in diesem Buch Abschnitte in DIN-A4-Größe brauchen. 25 cm Breite reichen also aus, außer du möchtest etwas Größeres nähen wie zum Beispiel einen Rock oder eine Schürze.
Die folgende Stoffe sind für die Projekte in diesem Buch sehr beliebt:

* **Filz** ist toll. Man sollte ihn immer vorrätig haben. Er ist dick, auf beiden Seiten gleich und farbintensiv. Ursprünglich wird er aus Schafswolle gemacht; inzwischen gibt es aber auch Kunstfaserfilz. Die wichtigste Eigenschaft von Filz ist, dass er nicht aufribbelt oder ausfranst – die Schnittkanten bleiben glatt, du musst nichts umsäumen oder abketteln. Die Größen, in denen man Filz kaufen kann, passen genau zu den Projekten in diesem Buch.

* **Fleece** ist ähnlich wie Filz, aber weicher und weniger kratzig. Stell dir vor: Er wird aus Plastikflaschen gemacht! Am besten wäschst du ihn vor dem Nähen, dann wird er noch kuscheliger! Für die Verarbeitung brauchst du eine ganz spitze Nadel, sonst ist das Nähen der dicken Stoffschichten zu schwierig. Frag mal in deinem Stoffgeschäft nach, ob sie auch Reststücke anbieten.

* **Baumwollstoffe** lassen sich leicht schneiden und nähen, fransen aber schnell aus. Sie sollten, falls sie einlaufen, vor der Verarbeitung einmal gewaschen und anschließend gebügelt werden. Bitte für diese Vorbereitungen am besten einen Erwachsenen um Hilfe.

Die meisten Baumwollstoffe haben eine rechte und eine linke Seite. Achte beim Zuschneiden und Nähen darauf,

FILZ
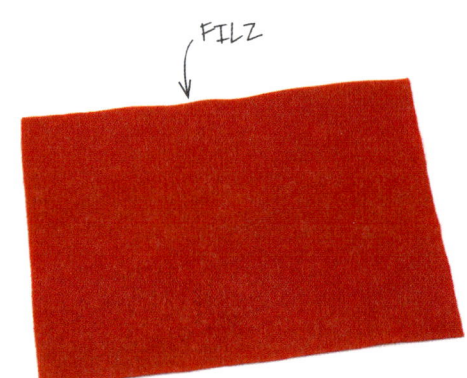

FLEECE

BAUMWOLLE

»Ich liebe die ganzen coolen Stoffe. Meine Lieblingsmuster sind Punkte und Herzen, meine Lieblingsfarben Blau, Grün, Rot oder Grau.«

– ANNA MERCEDES, 8

GUT GEORDNET, SCHNELL GEFUNDEN ...

Leg deine Stoffe immer ordentlich zusammen. So hast du den besten Überblick, und sie verknittern nicht. Vielleicht hast du ein freies Regal oder Ordnungsboxen dafür? Auch deine Stoffreste könntest du in einer solchen Box sammeln – oft kann man sie zur Dekoration noch verwenden.

DER RICHTIGE SCHNITT

Zum Zuschneiden solltest du eine spezielle Stoffschere verwenden. Benutze sie niemals für Papier! Sie wird sonst stumpf und ist für Stoff dann ungeeignet. Das kann ziemlich frustrierend sein.

Schnitte werden immer vom Rand aus auf den Stoff gelegt, nie gleich in die Mitte, sonst verliert man zuviel Stoff. Achtung! Baumwollstoffe haben eine Vorder- und eine Rückseite, darauf musst du vor dem Zuschneiden achten. Gemusterte Stoffe müssen vom Musterverlauf her immer in der gleichen Richtung liegen!

dass die rechte Seite des Stoffes später immer oben liegt. Du erkennst die Vorderseite daran, dass die Muster leuchtender wirken (wie rechts bei den Elefanten) und die Oberfläche glatter ist. Auf der Rückseite wirkt der Stoff blasser und rauher.

Um deine Nähte zu verbergen, leg die Stoffteile beim Nähen mit der rechten, farbintensiven Seite aufeinander (wie rechts bei den Medaillen). Später ziehst du die Teile auf rechts, sodass die schönere Seite außen liegt.

Stoffpreise richten sich immer nach laufenden Metern. Viele Geschäfte verkaufen die Stoffe vom Ballen ab 25 cm Breite. Vielleicht kannst du aber auch Reststücke kaufen, die meistens etwas günstiger sind.

* **Nessel** ist ein hellbeiger Baumwollstoff, den es in verschiedenen Stärken gibt. Zum Bemalen mit Stoffmarkern und -farben ist er ideal geeignet. Zeichne Motive und Schnitte erst auf Papier und übertrage sie dann auf den Nesselstoff. Kleb den Stoff am besten mit Malerkrepp am Tisch fest, damit er nicht wegrutscht. Auch Nessel franst am Rand schnell aus, du kannst aber beide Seiten verwenden.

Hier zeigt die rechte Seite nach oben.

Hier liegen die rechten Seiten aufeinander.

NESSEL

In der Nähschule gelten Regeln

Unsere Nähschul-Regeln kennst du schon von Seite 13. Hier erklären wir dir ihre Hintergründe.

1. Du musst immer wissen, wo deine Nadel ist!

Das ist sehr wichtig. Wie die Nadel eines Erwachsenen ist auch deine sehr spitz und kann jemanden verletzen. Nimm NIEMALS eine Nadel in den Mund! Mach dir unbedingt ein Nadelbuch (Seite 39) und bewahr es in deinem Nähkästchen auf. Solltest du dich doch mal stechen, wasch die Wunde gut aus und zeig sie sicherheitshalber einem Erwachsenen.

2. Sei vorsichtig!

Such dir zum Nähen ein schönes Plätzchen – vielleicht in der Küche (wo du nicht im Weg bist), in deinem eigenen Zimmer oder im Wohnzimmer. Nähe niemals im Gehen! Falls du etwas bügeln musst oder Hilfe brauchst, frag sicherheitshalber immer einen Erwachsenen!

3. Alles muss perfekt sein? Nein!

Klar, selbstgenähte Sachen sehen nicht aus wie gekaufte. Aber das ist auch gut so! Schließlich hast du sie ja selbstgemacht. Passiert beim Nähen mal ein Fehler, kannst du die meisten schnell rückgängig machen: Zieh den Faden aus der Nadel und vorsichtig wieder aus dem Stoff heraus – und beginne von vorn. Auf Seite 28 findest du viele weitere Tipps für den Fall, dass mal etwas schiefgeht.

4. Lass dir Zeit!

Keines deiner Nähprojekte muss an einem Tag fertig werden. Oder in einer Woche. Oder in einem Monat. Nähen ist kein Wettrennen, also entspann dich. Wenn du eine Pause brauchst, verwahre deine Näharbeit am besten in einem Frischhaltebeutel mit Reißverschluss, dann bleibt alles zusammen und staubt nicht ein.

> »Ich finde die Sachen von Nähanfängern immer richtig schön – auch wenn mal was schiefgegangen ist. Das ist gar nicht schlimm!«
> – MARGARET, 9

Auf die Plätze, fertig, einfädeln!

*Es wird Zeit für einen der wichtigsten Schritte beim Nähen: Faden auswählen,
Länge bestimmen und ihn in die Nadel fädeln.*

Wie man sich eine Spule macht

VManche Garne wie Stickgarn oder dünnes Häkelgarn solltest du vor dem Nähen auf
eine Spule wickeln. Das ist einfach, macht Spaß und verhindert, dass sich deine Fäden
im Nähkästchen verheddern.

Mit welcher Garnfarbe willst du nähen?

1 Schneide – mit einer Papierschere! - aus
einem Stück Pappe (leere Müslikartons
sind prima) ungefähr 2,5 cm x 5 cm große
Rechtecke aus.

2 Schneide in beide kurzen Enden der Spule
mittig ca. 0,5 cm tief ein. Klemm den
Fadenanfang in einem dieser Schlitze ein.

3 Wickel den gesamten Faden vom Strang
auf die Spule und steck das Ende im
Schlitz auf der anderen Seite der Papp-
spule fest. Fertig!.

Die richtige Fadenlänge

Ein praktisches Maß ist eine Armlänge.
Egal wie jung oder alt du bist, mit dieser
Faustregel hat dein Faden immer die
ideale Länge für dich.

1 Miss mit dem Faden die Länge von der
Schulter bis zur Hand.

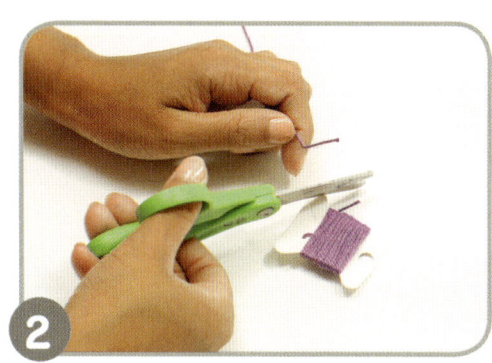

2 Schneide den Faden auf dieser Länge ab.

Den Faden in das Nadelöhr fädeln

Für das Einfädeln gibt es verschiedene Nadeleinfädler. Das hier ist ein Loran-Nadeleinfädler für große Nadelöhre.

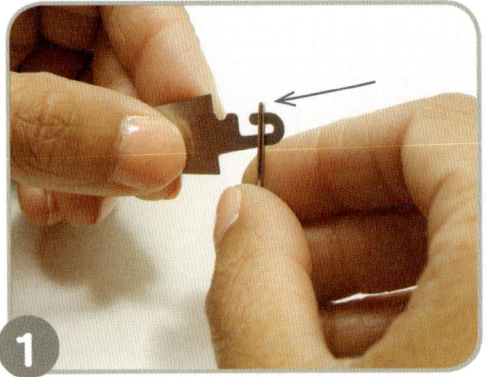

1 Steck die kleine Metallschlaufe durch das Nadelöhr.

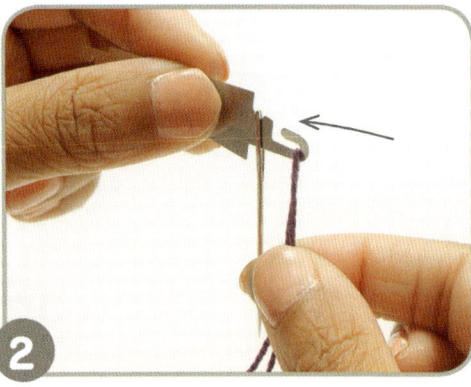

2 Führe den Faden durch die Schlaufe.

3 Zieh den Einfädler zusammen mit dem Faden durch das Nadelöhr.

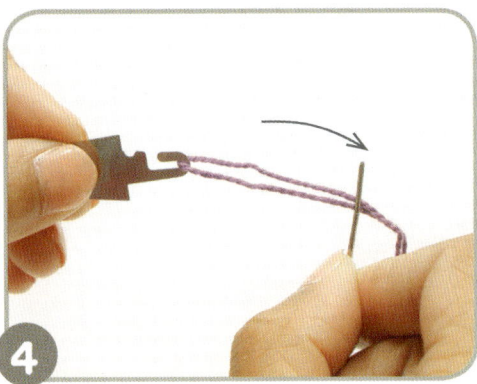

4 Zieh, bis das Fadenende ca. 5 cm durch das Nadelöhr gezogen ist.

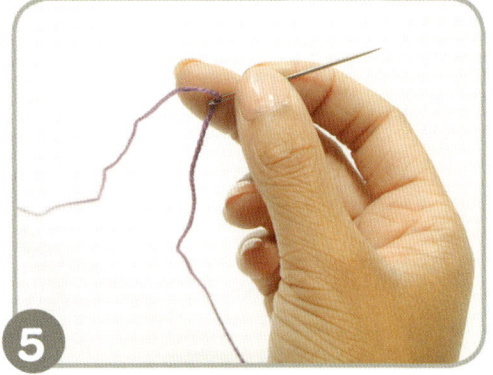

5 Entferne den Nadeleinfädler. Der Faden ist eingefädelt. Magisch!

»Ich kann jetzt bessere Knoten machen und meinen Faden selbst einfädeln.«
– FRANCES, 7

Die »Anatomie« einer Nadel

1. Das ist das Nadelöhr, das Loch am oberen Ende der Nadel. Zieh den Faden immer mit dem Nadeleinfädler durch das Nadelöhr und die Nadel etwa ein Drittel weit auf den Faden.

2. Dies ist die Spitze, mit der du deine Stiche durch den Stoff führst.

3. Dies ist der Arbeitsfaden. Der Knoten am Ende verhindert, dass deine Naht sich wieder auflöst.

4. Dies ist das kurze Ende des Fadens, das dafür sorgt, dass das Garn nicht von der Nadel rutscht. Den Knoten machst du immer am langen Ende.

»Man muss es einfach immer wieder probieren — sonst wird man nie erfahren, ob man es nicht doch kann!«
— MARY, 9

Einen Knoten machen

Nach dem Einfädeln musst du am langen Ende deines Fadens einen Knoten machen. Sonst wird der Faden deiner Naht vom Ende her wieder locker.

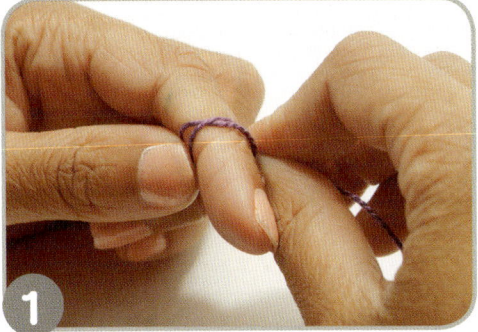

1 Wickle das Fadenende einmal um deinen Zeigefinger.

2 Lass die entstandene Schlaufe von deinem Finger gleiten.

3 Zieh das kurze Ende des Fadens durch die Schlaufe.

4 Fest anziehen. Dein Knoten ist fertig! Mach einen ähnlichen Knoten auch am Ende der Naht oder wenn dir der Faden ausgeht. Schneid den Arbeitsfaden erst ab, wenn der Knoten richtig sitzt.

Lern deine ersten Stiche

Nadel und Faden sind bereit, und du hast einen Knoten am langen Ende gemacht. Es kann losgehen! Hier zeigen wir dir die beiden Basisstiche, mit denen du alle Projekte in diesem Buch nähen kannst.

So nähst du einen Vorstich

Der Vorstich ist die einfachste Stichtechnik für das Zusammennähen von Stoffteilen oder zum Aufsticken von Mustern oder Motiven. Eine Vorstichnaht sieht aus wie eine gepunktete Linie.

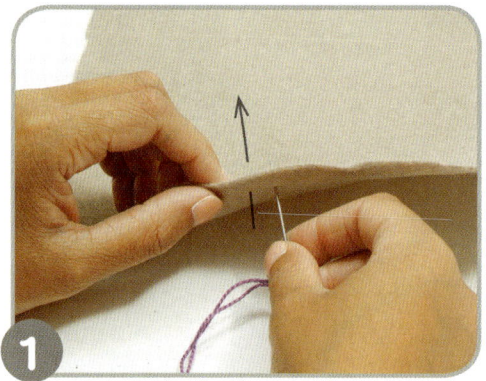

1 Stich die Nadel von hinten nach vorne durch den Stoff.

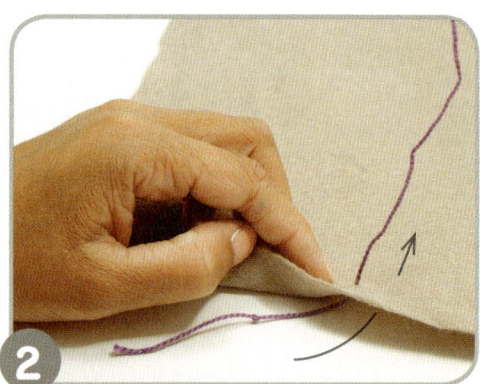

2 Zieh den Faden nach vorne durch, bis der Knoten hinten fest am Stoff sitzt.

Hier fest zusammen-drücken!

3 Klemm bei jedem Stich die Nadel am Nadelöhr fest zwischen Daumen und Zeigefinger. So kann der Faden nicht herausrutschen.

Wie lang sind deine Stiche?
Ist der Abstand zu groß, hast
du später Löcher in der Naht.

4

Führe die Nadel jetzt von vorne nach hinten durch den Stoff. Die Stiche sollten nicht länger sein als die Breite deines Daumennagels.

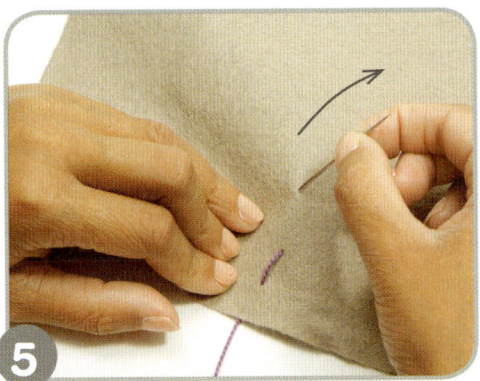

5

Stich die Nadel von hinten wieder nach vorne, mit dem gleichen Abstand wie beim letzten Stich.

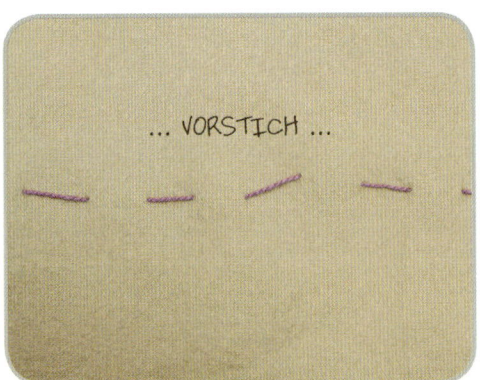

... VORSTICH ...

Mach einfach weiter so. Du nähst eine Vorstichnaht!

SECHS BERUFE FÜR NÄHPROFIS

Vielleicht machen ja einige unserer Nähkinder später mal das Nähen sogar zu ihrem Beruf? In diesen Arbeitsbereichen sollte man exzellent nähen können:

* Modedesign

* Segelmacher

* Schneider

* Sattelmacher

* Schuhmacher

Wenn der Faden mal nicht reicht?

Keine Panik! Wenn du merkst, dass es knapp wird, mach auf der Rückseite des Stoffes rechtzeitig einen Knoten in den Faden (falls es in der Länge nicht mehr reicht, zieh ein paar Stiche wieder heraus). Fädle einen neuen Faden ein, mach am Ende einen Knoten und setz die Naht an der entsprechenden Stelle fort.

> »Manchmal reicht der Faden nicht. Das ist dann wie von vorne anfangen. Da muss man ganz schön geduldig sein!«
> **— EVA CLAIRE, 6**

1 Mach am Ende deines ersten Fadens auf der Rückseite des Stoffes einen Knoten.

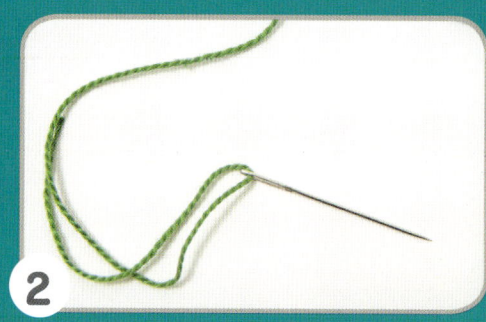

2 Fädle eine neue Armlänge Faden ein. Mach am langen Ende einen Knoten!

3 Setz die Naht einfach an der entsprechenden Stelle fort.

Nähen mit dem Saumstich

Der Saumstich ist ebenfalls sehr einfach. Du kannst damit zwei Stücke Stoff am Rand zusammennähen. Oder einen Rand hübsch umsäumen, damit der Stoff nicht ausfranst.

1 Führe die Nadel von hinten nach vorne durch den Stoff.

2 Zieh den Faden nach vorne durch, bis der Knoten hinten eng am Stoff anliegt.

3 »Schlag« den Faden mit der Nadel einmal über den Rand des Stoffes und stich sie auf ca. 0,5 cm von hinten wieder nach vorne.

4 Mach gleichmäßige Stiche, stets von hinten nach vorne durch den Stoff.

5 Toll! Ein großartiger Saumstich ist dir da gelungen!

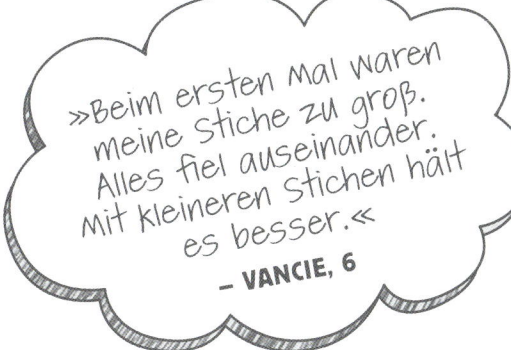

»Beim ersten Mal waren meine Stiche zu groß. Alles fiel auseinander. Mit kleineren Stichen hält es besser.«

– VANCIE, 6

Ups! Da stimmt was nicht!

Wenn dir beim Nähen etwas komisch vorkommt, halte an, atme tief durch und denk darüber nach, wie du es wieder hinkriegst. Fehlerhafte Stiche zu »reparieren« ist leichter, als du denkst. Alles, was du brauchst, sind eine Schere und eine neue Armlänge Faden. Hier siehst du einige der häufigsten Nähpannen – und wir sagen dir, wie du sie wieder beheben kannst.

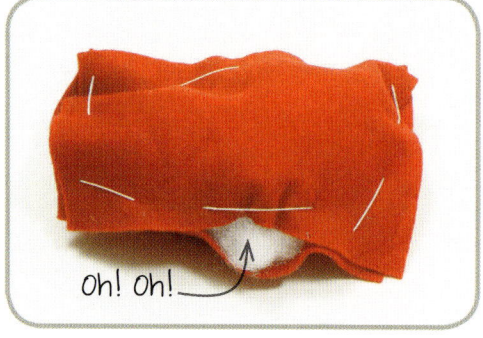

Der Faden hat sich verheddert

Schneid ihn direkt unterhalb des Wirrwarrs ab. Vielleicht musst du ihn für einen Knoten ein bisschen wieder herausziehen. Dann eine neue Armlänge Faden einfädeln – und weiter geht's!

Ein Saumstich hat sich zwischen die Vorstiche gemogelt

Zieh die Nadel vom Faden. Die Stiche lassen sich bis zu dieser Stelle ganz einfach wieder herausziehen. Fädele wieder ein und näh weiter.

Die Füllung fällt heraus

Diese Stiche sind zu groß. Mach Nadel und Faden bereit und setz ein paar Stiche dazwischen. Nächstes Mal machst du einfach gleich kleinere Stiche.

Form einheitlich schneiden.

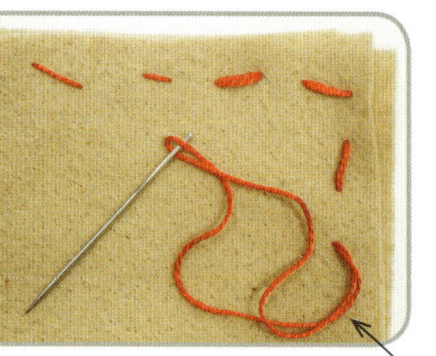

Falsche Größe

Diese Stoffteile haben unterschiedliche Größen. Gleiche das größere Stück mit der Schere an das kleinere an. Falls du ein Kleidungsstück nähst, musst du das falsche Teil vielleicht noch einmal ganz neu zuschneiden.

Aufgedoppelter Faden

Lass die Nadel los. Zieh ganz vorsichtig das kürzere Garnende aus der Naht heraus. Führ die Nadel am Faden wieder auf die richtige Länge und näh weiter. Oder schneide den doppelten Faden an der Nadel ab, verknote ihn, zieh einen neuen Faden auf und näh weiter.

Dieser Faden hat sich doppelt gelegt

Nähen mit der Maschine

Für die meisten Projekte in diesem Buch brauchst du keine Nähmaschine – aber du kannst sie natürlich gerne benutzen, wenn du dich damit auskennst. Aber denk immer daran: Auch wenn die Maschine viel schneller näht, sollte man sich Zeit lassen. Vor einem schwierigen Projekt solltest du dich mit deiner Nähmaschine vertraut machen. Üb doch erstmal mit einem »Soooo weich«-Kissen (Seite 47) oder einem Untersetzer (Seite 86).

Hier sind einige Tipps für das Arbeiten mit der Nähmaschine:

1. Denk immer an auszureichende Naht-zugaben (Seite 139) von mindestens der Breite deines Nähfüßchens oder 1,5 cm.
2. Steck den Stoff vor dem Nähen unbedingt zusammen. Stopp die Naht vor jeder Nadel, entferne sie und gib sie zurück in dein Nadelkissen.
3. An einer Ecke drehst du die Näh-maschinennadel in den Stoff. Heb das Nähfüßchen und dreh den Stoff unterhalb in die richtige Position. Nähfüßchen wieder herunterlassen und weiternähen.
4. Am Anfang und am Ende jeder Naht nähst du immer zwei, drei Mal vor und zurück, damit die Naht fest sitzt.
5. Wenn alle Nähte fertig und an den Enden fixiert sind, schneide die losen Faden-enden einfach bis auf den Stoff ab.

»Mit der Maschine kann man viel schneller nähen. Es ist aber gar nicht so leicht.«
– TESS, 9

Schnitte mit dem Gesicht nach unten

*Bevor du ein Schnittmuster verwenden kann, musst du es selbst ausschneiden.
Schneide entlang der Linien und verwende die Papierschere.*

Die fertigen Schnittteile kannst du zusammenfalten und hinten in dieses Buch oder in eine Klarsichthülle legen. Du kannst sie auch kopieren und selbst verändern. Für eigene Schnittvorlagen verwende am besten Pappe, Pack- oder Tonpapier.

Lies nach, wie oft du die Form aus dem Stoff ausschneiden musst, und behalte das bei deiner Stoffauswahl im Hinterkopf.

Breite deinen Stoff auf einer glatten Oberfläche (Küchentisch oder Holzfußboden sind ideal) aus. Leg den Schnitt möglichst nah am Rand darauf, steck ihn auf dem Stoff fest und zeichne ihn mit Kreide oder Stift nach. Oder bitte jemanden, ihn für dich festzuhalten. Falls du keinen Helfer findest, fixiere Stoff und Schnitt mit einem schweren Gegenstand.

Denk immer an eine Nahtzugabe von ca. 1 cm: Das ist der Abstand von deiner Naht bis an den Rand des zugeschnittenen Stoffes.

»Ohne Schnittmuster wird hinterher alles schief und krumm.«
– CAROLINE, 8

Knöpfe annähen

Knöpfe sind sehr wichtig. Sie halten deine Kleidung zusammen oder Taschen geschlossen. Knöpfe sind auch als Augen oder Nasen für Kuscheltiere sehr hübsch. Wir zeigen dir hier, wie man zwei verschiedene Knopftypen annäht.

Einen flachen Knopf annähen

Flachknöpfe haben zwei, vier oder fünf Löcher, durch die man sie festnähen kann.

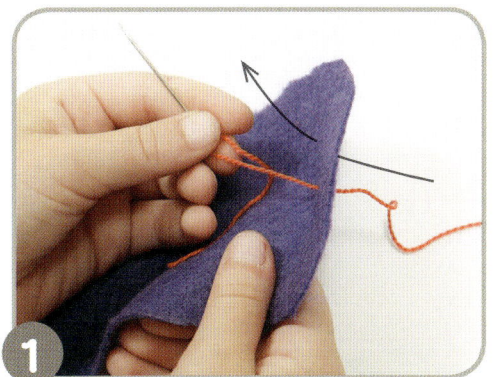

1 Stich die Nadel von hinten durch den Stoff.

2 Führe sie durch eines der Löcher im Knopf und lass ihn am Faden auf den Stoff sinken.

3 Führe die Nadel durch ein anderes Loch nach hinten zurück.

4 Näh mindestens zweimal durch jedes Loch. Dann wird dein Knopf immer fest sitzen.

5 Stich die Nadel am Schluss wieder auf die Rückseite des Stoffes und mach hinten einen Knoten. Den überschüssigen Faden abschneiden.

Einen Ösenknopf annähen

Ösenknöpfe haben hinten eine Metall- oder Plastiköse.

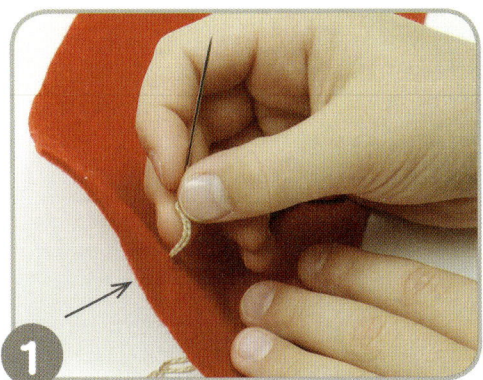

1 Stich mit der Nadel von hinten nach vorne durch den Stoff.

2 Führe die Nadel durch die Öse hinten am Knopf.

3 Lass den Knopf am Faden entlang auf den Stoff sinken. Führe dann die Nadel knapp versetzt von vorn nach hinten zurück durch den Stoff.

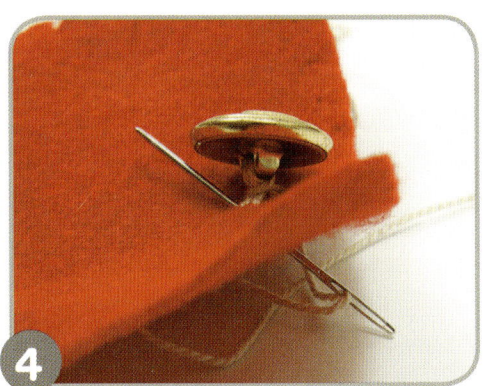

4 Näh noch zweimal durch die Öse, bis der Knopf festsitzt. Hol dafür die Nadel nah am Knopf wieder auf die Oberseite.

5 Führe sie durch die Öse.

6 Stich sie nah am Knopf wieder nach unten durch.

7 Mach auf der Rückseite des Stoffes einen Knoten und schneide den Faden ab.

»Um einen Knopf anzunähen, braucht man eine Menge Übung. Ich bitte manchmal meine Omi, mir dabei zu helfen.«

– MARGARET, 9

Der Knopf ist angenäht!

Erfülle dein Projekt mit Leben

Jedes Projekt dieses Buches vermittelt bestimmte Grundschritte. Wichtig ist beim Nähen aber auch, deiner Näharbeit etwas Persönliches zu geben – vielleicht durch Bänder, Knöpfe oder Borten. Vielleicht lässt du dich ja von den Bildern im Buch inspirieren. Oder fällt dir etwas ganz anderes ein?

In Handarbeitsgeschäften bekommt man alle möglichen Arten von Zubehör: Knöpfe, Perlen, Kulleraugen, Bänder, Bordüren, Pompons, Aufnäher und andere lustige Sachen. Manche kann man annähen, andere ankleben. Achte dabei darauf, dass du einen Stoffkleber verwendest.

Mach es zu etwas Besonderem

Hier zeigen wir dir einige Möglichkeiten, wie du aus einem normalen Nähprojekt ein einzigartiges machen kannst.

* **Bügelaufnäher.** Schneide sie zurecht, wie du sie haben willst, und bitte einen Erwachsenen, dir beim Aufbügeln zu helfen.
* **Wie wäre es mit Aufbügelbuchstaben, Stoffmarkern oder Stoffkreiden,** um deine Näharbeit persönlicher zu gestalten? Setz deinen Namen darauf oder male ein Porträt auf den Stoff. Um die Kreide mit dem Bügeleisen in den Stoff einzuprägen, bitte einen Erwachsenen um Hilfe. Das Bügeleisen muss auf der höchsten Stufe arbeiten. Leg deine Arbeit vorsichtig ganz glatt auf das Bügelbrett. Bedeck sie mit einem Blatt Papier. Bügle einige Sekunden darüber, bis das Wachs der Stifte durch die Hitze in den Stoff schmilzt. Lass den Stoff abkühlen!

»Wenn ich Dinge sehe, die ich selbst gemacht habe, fühlt sich das ziemlich cool an.«
– KENDALL, 8

* **Mach aus Knöpfen, Bändern, Zickzackborte, Stoffresten und anderen Accessoires** ein Gesicht und einen Schwanz für Projekte wie »Dein kleiner Freund« (Seite 53) oder die Flüstermaus (Seite 88). Gib deinem Projekt eine eigene Persönlichkeit! Lass es lachen oder schmollen. Für große Knopfaugen folge den Anleitungen auf Seite 31. Dann musst du es nur noch richtig ausstopfen.

* **Näh eine Bordüre** an deine Mein-ganzes-Zeug-in-einer-Tasche (Seite 65) oder kleb lustige bunte Flicken und Formen auf dein Ich-seh-dich-Brillenetui (Seite 90). Alles ist möglich!

* **Stick deine Initialen** auf eines deiner Projekte, z.B. das Sooo-weich-Kissen (Seite 47). Zeichne deinen Entwurf mit einem Stift auf den Stoff und stick ihn dann mit Nadel und Faden nach – als würdest du mit der Nadel zeichnen!

Wie man eine Bordüre annäht

Eine Bordüre (oder: Borte) kann eine einfache Näharbeit viel schöner machen. So bringt man sie an:

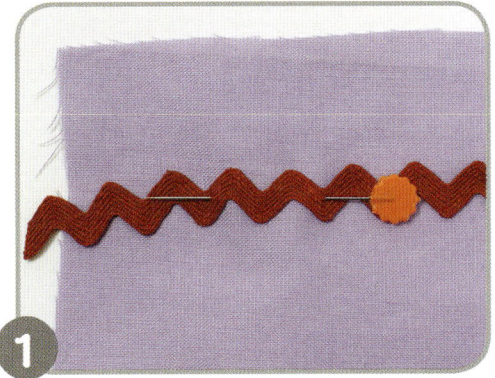

1 Steck die Bordüre auf den Stoff, damit sie beim Nähen nicht verrutscht.

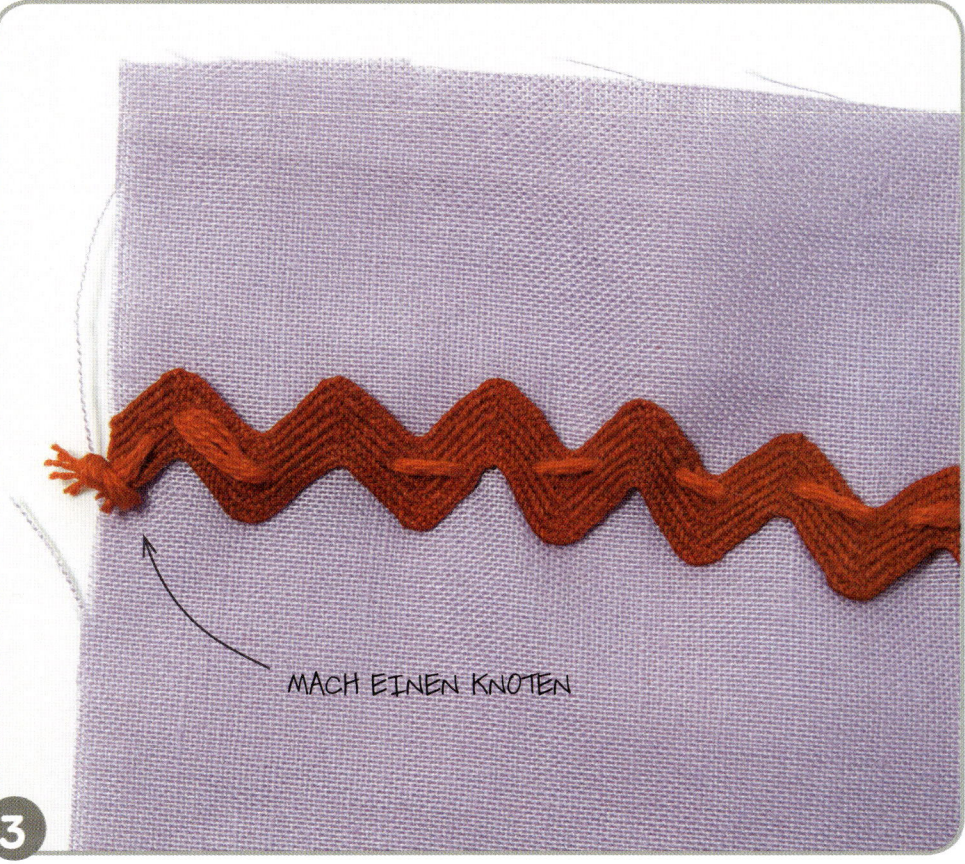

MACH EINEN KNOTEN

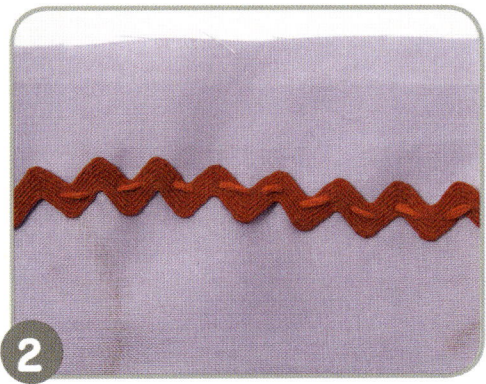

2 Näh sie jetzt vorsichtig mit einem Vorstich immer in der Mitte entlang fest. Mit kleinen Stichen hält sie besser.

3 Verknote den Faden am Ende und schneide den Rest ab.

4 Schau mal, wie hübsch diese Tasche mit Bordüre aussieht.

5 Ist die Bordüre breiter, nähst du am besten beide Ränder fest.

Stopf es aus!

Einige unserer Projekte müssen ausgestopft werden. Das ist ganz einfach.
Die Füllung kannst du im Handarbeitsgeschäft kaufen – in der Regel ist sie weiß, leicht
und fluffig wie eine Daunenfeder. Am besten sind umweltfreundliche Bambus-
oder Baumwollfasern. Auch kleine Stofffetzen, die du sonst wegwerfen würdest,
kannst du noch als Füllung verwenden.

1 Wenn dein Kissen soweit ist, dass du es ausstopfen kannst, zieh die Nadel vom Faden. Nimm etwas Füllwatte in die Hand.

2 Schieb sie bis zur hinteren Naht in das Kissen und wiederhol das.

3 Das Kissen füllt sich so nach und nach. Es sollte sich genau richtig anfühlen – nicht zu hart und nicht zu weich.

SCHMALE TEILE AUSSTOPFEN

Bei schmalen Teilen, wie Puppenarmen oder -beinen, schieb die Füllwolle in kleinen Mengen vorsichtig mit einer langen, dünnen Stopfhilfe (Holzstäbchen oder die Radiergummiseite eines Bleistifts) in die engen Hohlräume. Lass dir Zeit – dann wird deine Puppe noch schöner!

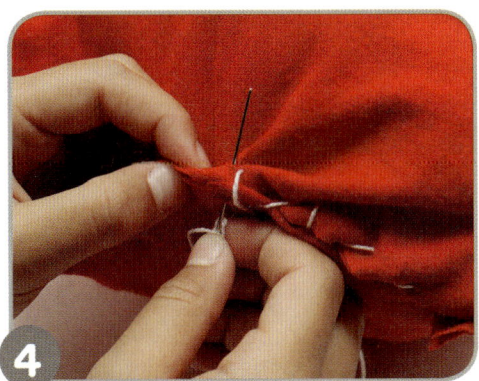

4 Fädle den Faden wieder ein und näh die Öffnung des Kissens mit demselben Stich zu, mit dem du es genäht hast. (Bei unserem Kissen ist das der Saumstich.)

5 Mach am Ende der Naht wieder einen Knoten und schneide den Fadenrest ab.

Tunnelsäume & Bündchen

Manchmal braucht man beim Nähen einen Tunnelsaum. Durch den langen, hohlen Saum kann man ein elastisches oder ein festes Band ziehen. Der Tunnelsaum bildet mit einem Gummiband dann das (dehnbare) Bündchen des Rocks.

1 Lass beim Nähen des Saums ein Stück der Naht (ca. 5 cm) offen, damit man das Gummiband hindurchziehen kann. Hier, bei unserem Puppenrock, liegt die Öffnung an der Seite.

2 Befestige das Band an einer großen Sicherheitsnadel oder einer Klemmnadel, die du in die Saumöffnung hineinschiebst.

3 Mit den Daumen transportierst du sie von außen durch den Tunnelsaum. Dabei wird er leicht gerafft.

Festhalten

Stoff ziehen

4 Halte die Sicherheitsnadel zwischendurch immer wieder mit Daumen und Zeigefinger fest, damit sie nicht zurückgezogen wird, und streife den gerafften Tunnel über dem Band wieder glatt.

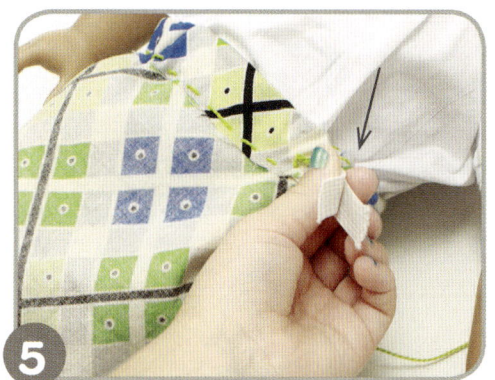

5 Wiederhole die Schritte 3 und 4, bis die Sicherheitsnadel am anderen Ende der Öffnung wieder herauskommt. Jetzt schauen die beiden Enden des Gummibandes aus dem Tunnel.

WAS KOMMT JETZT?
Das erfährst du in den einzelnen Projektanleitungen dieses Buches.

Gut aufgepasst?

Der Unterricht in Grundnähtechniken ist vorbei. Jetzt wird es Zeit, zu testen, was du alles gelernt hast. Wir haben hier zwei Aufgaben für dich vorbereitet. Beide Male nähst du etwas für dein Nähkästchen. Wenn du allen Anleitungen gut folgen kannst, kriegst du eine 1+!

NADELBUCH

APFEL-NADELKISSEN

»Am besten fängt man mit etwas Leichtem an und macht dann mit einem schwierigeren Projekt weiter.«

— GRACE, 8

Nadelbuch

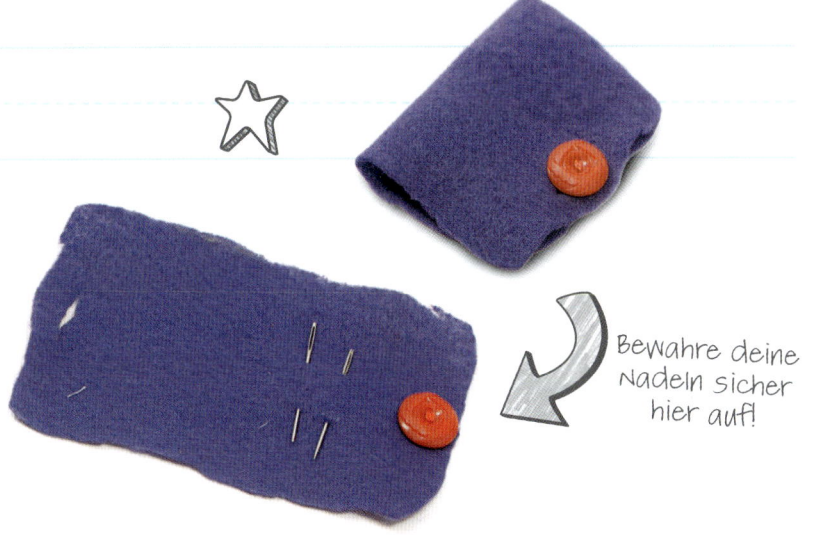

Bewahre deine Nadeln sicher hier auf!

Was du brauchst:

- x Schnittmuster für ein Nadelbuch
- x Filzreste
- x Kreide
- x Schere
- x Knopf
- x Nähnadel
- x Faden

AUF EINEN BLICK

Bevor du startest, solltest du Folgendes schon gelernt haben:

Wie man einen Knopf annäht
(Seite 31)

FÜR DIE ERWACHSENEN

Auch wenn das hier ein ganz leichtes Projekt ist, könnte es sein, dass Sie beim Knopfannähen helfen müssen – besonders, wenn die Kinder das zum ersten Mal machen. Man kann das Nadelbuch aber auch ohne Knopf benutzen.

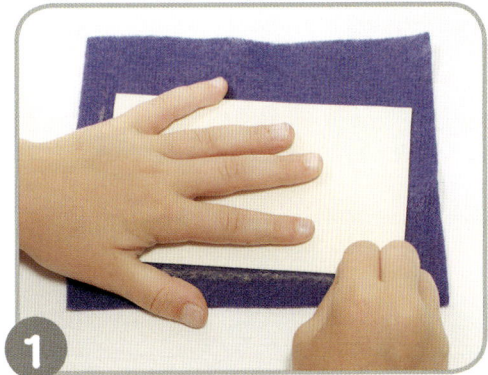

1 Am Ende des Buches findest du ein Schnittmuster für dieses Projekt. Übertrage die Form mit Kreide auf den Filz.

2 Jetzt schneide die übertragene Form mit der Schere aus dem Filz aus.

3 Jetzt kommt der Knopf. Näh ihn mittig an einen der schmalen Ränder auf einer Seite des Filzes.

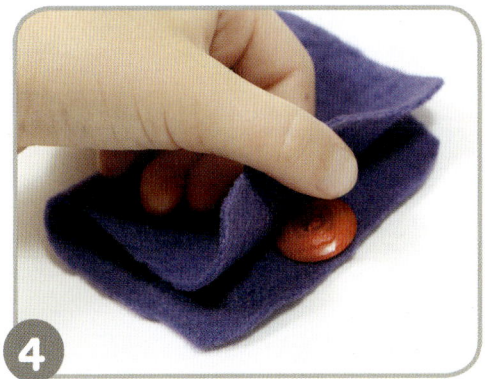

4 Falte das Rechteck in der Mitte und leg den anderen Rand auf den Knopf.

FORTSETZUNG →

UNVERKENNBAR DEINS!

* *Ergänze dein Buch durch »Seiten«: Näh mit dem Vorstich mittig an der Falzlinie in die größere Form ein zweites, etwas kleineres Buch hinein.*

* *Bestick die Vorderseite.*

* *Näh eine kleine Tasche für den Nadeleinfädler hinein.*

* *Lass den Knopf weg – das Buch ist trotzdem klasse!*

5 Markiere den Filz an der Stelle über dem Knopf.

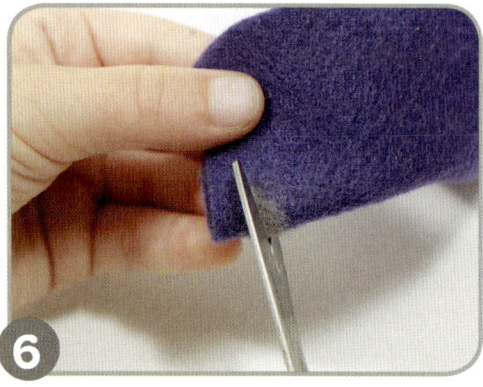

6 Falte den Filz entlang der kleinen Knopfmarkierung und schneide ihn dort wie ein Knopfloch auf.

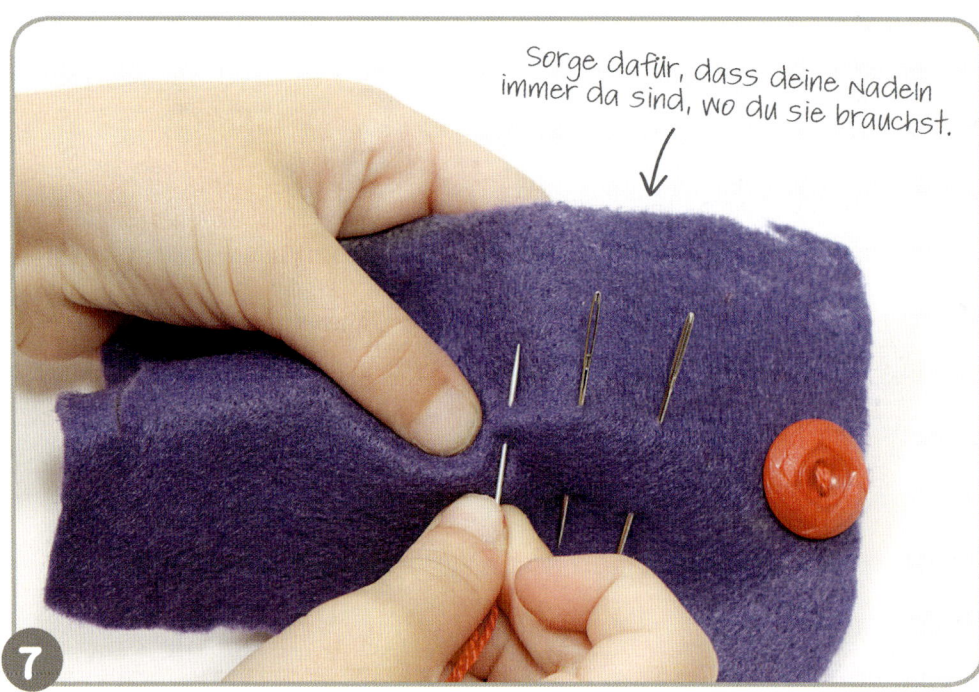

Sorge dafür, dass deine Nadeln immer da sind, wo du sie brauchst.

7 Füll dein Nadelbuch, indem du deine Nadeln durch den Filz stichst.

Anschließend kannst du das Buch schließen und zuknöpfen!

Apfel-Nadelkissen ☆

Was du brauchst

- x Schnittmuster in Apfel- und Blattform
- x Filzreste (rot, grün und schwarz)
- x Kreide

- x Schere
- x Stecknadel
- x Nähnadel
- x Faden
- x Füllung

Wenn du deine Nadeln immer zurück ins Nadelkissen steckst, hast du sie jederzeit griffbereit.

AUF EINEN BLICK

Bevor du beginnst, solltest du Folgendes schon gelernt haben:

Wie man eine Vorstichnaht näht
(Seite 24)

Wie man ein Kissen ausstopft
(Seite 36)

FÜR DIE ERWACHSENEN

Ein schönes Anfängerprojekt! Vielleicht brauchen die Kinder etwas Hilfe beim Zusammennähen der geschichteten Filzteile.

1 Übertrage das Schnittmuster aus dem Anhang des Buches mit Kreide zweimal auf den roten Filz.

2 Schneide beide Filz-Teile aus.

3 Zeichne mit Kreide freihändig ein Blatt auf den grünen Filz.

4 Schneide das Filz-Blatt aus.

FORTSETZUNG ⟶

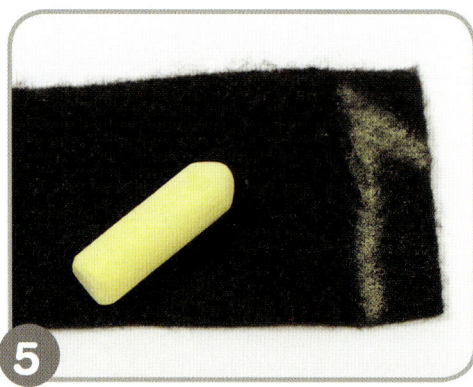

5 Zeichne mit Kreide einen Stängel auf den schwarzen Filz.

6 Schneide den Stängel aus.

7 Lege das Blatt und den Stängel auf eine der Apfelformen.

TIPP: STECK DIE FILZ-TEILE MIT STECKNADELN ZUSAMMEN.

8 Lege dann die zweite Apfelform obenauf, sodass das Blatt und der Stängel dazwischenliegen.

9 Jetzt wird genäht. Beginne an der Stelle mit Blatt und Stängel und führe die Nadel durch alle vier Filzschichten.

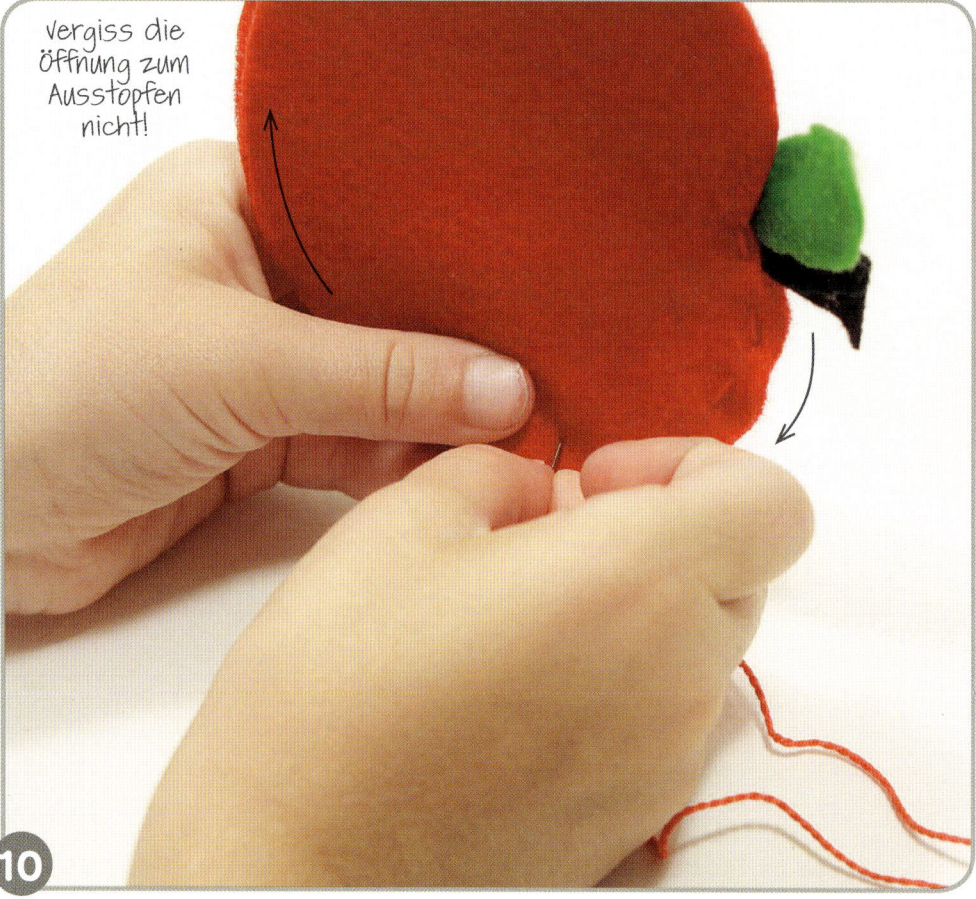

vergiss die Öffnung zum Ausstopfen nicht!

10 Näh mit dem Vorstich einmal rund um den Apfel, bis auf eine kleine Öffnung zum Ausstopfen.

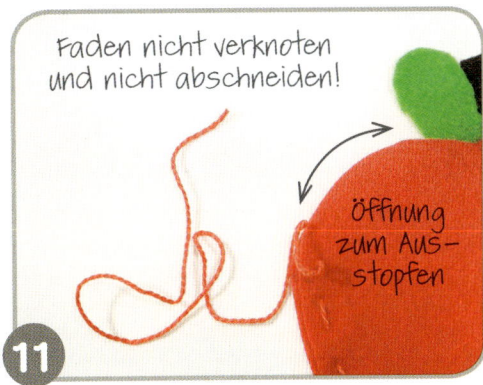

11 Zieh die Nadel vom Faden und steck sie sicher in dein Nadelbuch. Dort hast du sie dann gleich wieder zur Hand, wenn du sie brauchst.

Faden nicht verknoten und nicht abschneiden!

Öffnung zum Ausstopfen

12 Stopf den Apfel mit Füllwatte aus.

13 Fädle den Faden wieder in die Nadel und schließ die Naht. Mach zum Abschluss einen Knoten in den Faden. Rest abschneiden.

Dieses niedliche Apfel-Nadelkissen passt genau in dein Nähkästchen.

14 Jetzt kannst du deine Stecknadeln in den Apfel stechen und dein Nadelkissen zu deinem Nähkästchen legen.

Viel Spaß beim Nähen!

UNVERKENNBAR DEINS!

* Nimm eine andere Filzfarbe – und schon ist es eine Orange!

* Benutz Baumwoll- oder Fleece-Stoff.

* Verändere die Form und mach ein neues Nadelkissen, das aussieht wie eine Banane oder eine Aubergine.

* Nutz es als kleines Scherzkissen, nicht als Nadelkissen.

»Man kann sich auch Stofftiere selbst nähen. Sie sind so kuschelig, dass ich sie immer mit ins Bett nehme.«

– VANCIE, 6

KUSCHELN

Du kannst dir selbst ganz schnell etwas zum Kuscheln nähen. Folge einfach den Anleitungen in diesem Kapitel. Flüstere deinem kleinen Freund ein Geheimnis ins Ohr oder kuschele dich gemütlich in dein »Sooo-weich-Kissen«. Ob du glücklich oder traurig, aufgeregt oder ängstlich bist – deine selbstgemachten Begleiter sind immer für dich da, wenn du sie brauchst.

☆ **SOOO-WEICH-KISSEN,** Seite 47

☆ **KUSCHELTIER,** Seite 49

☆☆ **DEIN KLEINER FREUND,** Seite 53

☆☆☆ **IMMER-BEI-DIR-DECKE,** Seite 55

☆ leicht   ☆☆ mittel   ☆☆☆ schwierig

Sooo-weich-Kissen ☆

Kissen kann man nie genug haben!

AUF EINEN BLICK

Bevor du beginnst, solltest du Folgendes schon gelernt haben:

Wie man mit Saumstich (Seite 27) *oder Vorstich* (Seite 24) *näht.*

Wie man ein Kissen ausstopft (Seite 36)

FÜR DIE ERWACHSENEN

Das perfekte Anfängerprojekt! Vielleicht brauchen die Kinder ein bisschen Hilfe beim Einfädeln und Verknoten des Fadens. Haben sie es geschafft, ein einfaches Kissen zu nähen, ist meistens die Lust geweckt, alle möglichen Variationen auszuprobieren.

1 Übertrage den Schnitt aus der Anlage dieses Buches mit Kreide zweimal auf deinen Stoff.

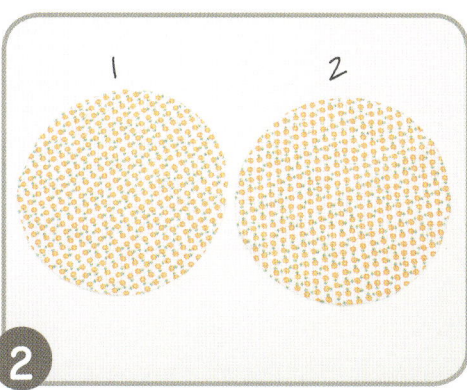

2 Schneide beide Teile aus.

3 Lege die Stoffteile jeweils mit der rechten Seite aufeinander. Halte sie mit Stecknadeln zusammen.

4 Jetzt wird genäht! Geh mit einem Vorstich oder einem Saumstich einmal rings um das Kissen. Lass die Naht fingerlang zum Ausstopfen offen.

FORTSETZUNG →

UNVERKENNBAR DEINS!

* Dekoriere dein Kissen mit Knöpfen oder Borte.

* Mach es aus Fleece oder Filz.

* Nähe es mit der Maschine.

* Nähe Kissen in vielen verschiedenen Formen und Farben.

* Nähe eine Tasche auf das Kissen – jetzt ist es ein Zahnfee-Kissen oder hat Platz für einen Taschenfreund (Seite 55).

Nähe einen Knopf in die Mitte des Kissens.

5 Entferne Stecknadeln und Nähnadel und verwahr sie in deinem Nadelkissen. Verknote das Ende des Fadens aber nicht.

Mach es richtig voll.

6 Stopf das Kissen aus.

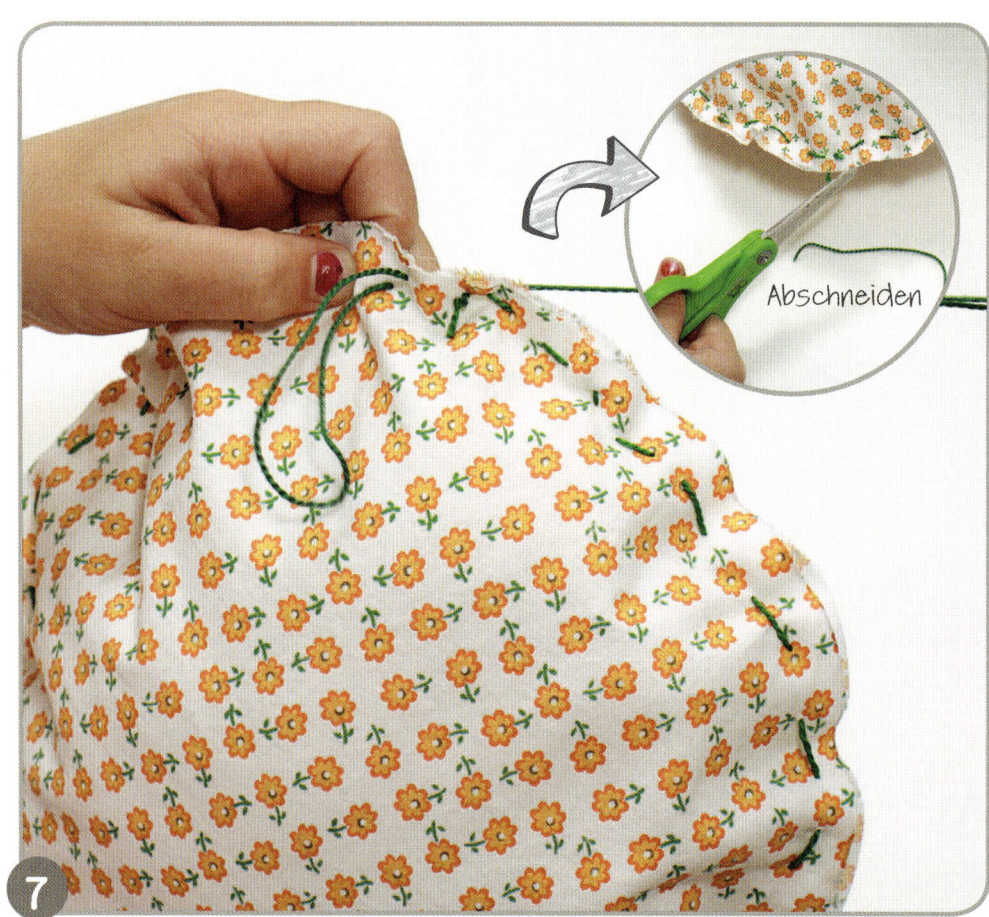

Abschneiden

7 Fädle den Faden wieder in die Nadel und schließ die Naht. Verknote den Faden. Schneide den Restfaden gleich oberhalb des Knotens ab.

Juhu, du hast soeben dein erstes Sooo-weich-Kissen genäht!!

Kuscheltier ☆

Ein Kuscheltier will dauernd geknuddelt werden.

Maggie hat sich ihr Lieblingstier genäht: ein Meerschweinchen. Es heißt Peaches.

Was du brauchst

- x Nesselstoff, so groß wie ein DIN-A4-Blatt
- x Filz oder Fleece (DIN-A4-Blatt groß)
- x Blatt Papier DIN A4
- x Stift
- x Schwarzer Marker
- x Stoffmarker
- x Stoffkreiden
- x Bügeleisen
- x Schere
- x Stecknadeln
- x Nähnadel
- x Faden
- x Füllung

AUF EINEN BLICK

Bevor du beginnst, solltest du Folgendes schon gelernt haben:

Saumstich (Seite 27)

Vorstich (Seite 24)

Ein Kissen ausstopfen (Seite 36)

FÜR DIE ERWACHSENEN

Hier können die Kinder Kuscheltiere nähen, die sie selbst gemalt haben. Sie können sie direkt auf den Stoff zeichnen; sicherer wäre aber, die Entwürfe entstünden auf Papier und würden dann auf den Stoff übertragen. Vielleicht sollten Sie beim Ausschneiden helfen, damit die Nahtzugaben nicht vergessen werden. Zudem muss hier und da etwas gebügelt werden; vielleicht eine gute Gelegenheit, den Kindern gleich den sicheren Umgang mit dem Bügeleisen zu erklären.

1 Zeichne dein Kuscheltier auf Papier vor. Die Zeichnung hier zeigt Maggies Entwurf.

2 Ziehe die Bleistiftlinien mit einem schwarzen Marker nach.

3 Leg den Nesselstoff oben auf die Zeichnung. Die schwarzen Markerlinien werden durch den Stoff schimmern. Übertrage sie mit Stoffmarkern auf den Stoff.

TIPP: Fixiere die Zeichnung und den Nesselstoff mit Malerkrepp auf der Tischplatte.

FORTSETZUNG →

4 Male dein Kuscheltier mit Wachskreiden an, damit man alles erkennen kann. Fülle den Platz auf dem Stoff gut aus, umso schöner wird es später aussehen.

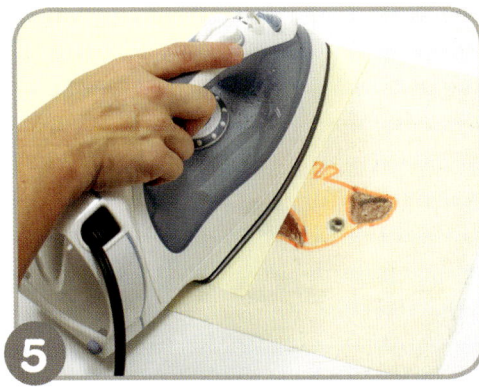

5 Ein Erwachsener hilft dir gern beim Bügeln deines Stoffes. Leg ein Blatt Papier über dein Motiv, damit es das überschüssige Wachs aufnehmen kann.

6 Such dir ein Stück Filz oder Fleece für die Rückseite aus.

UNVERKENNBAR DEINS!

* Statt es auszustopfen, lass doch die untere Naht deines Kuscheltieres offen und mach eine Handpuppe daraus!

* Auf die gleiche Weise kannst du nicht nur Kuscheltiere machen, sondern alles, was du magst, von der Puppe bis zum Fußball.

* Schneide die Zeichnung nicht aus, sondern nähe ein Kissen daraus.

ACHTUNG! SCHNEIDE NICHT ZU DICHT AM RAND DES KUSCHELTIERES ENTLANG, SONST FEHLT DIR SPÄTER DIE NAHTKANTE!

7 Steck dein gemaltes Kuscheltier aus Stoff auf die Rückseite aus Filz oder Fleece. Schneide den überstehenden Stoff rings um die Form ab (Nahtzugaben beachten).

Denk an die kleine Öffnung zum Ausstopfen!

8

Jetzt wird genäht: Mit Vorstich oder Saumstich geht es an der Zeichnung entlang. Lass eine kleine Öffnung für die Füllung.

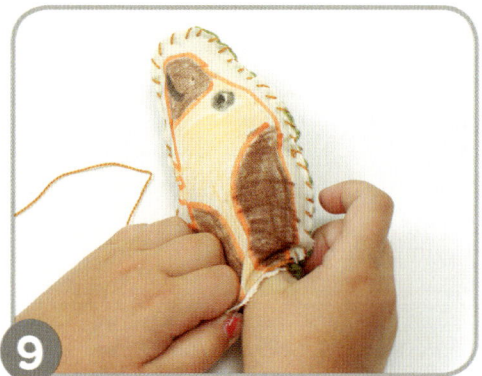

9

Entferne Näh- und Stecknadeln, dann stopf dein Kuscheltier aus.

10

Fädle den Arbeitsfaden wieder ein und schließe die Naht, verknote das Garn und schneide den Restfaden ab.

Dein Kuscheltier ist fertig und möchte nur noch geknuddelt werden!

»Ich finde es ganz toll, Kuscheltiere nach meinen eigenen Ideen und Zeichnungen zu nähen!«
– MAGGIE, 7

Dein kleiner Freund ☆☆

vorne

hinten

Schließ die Augen und stell dir einen kleinen Freund vor. Wie sieht er aus? Wie heißt er? Gut! Und jetzt nähe ihn dir!

Du kannst für Vorder- und Rückseite unterschiedliche Stoffe benutzen.

Was du brauchst

- x Schnittmuster
- x 2 Stücke Baumwollstoff, ca. DIN A4
- x Kreide
- x Schere
- x Kurzwaren
- x Stecknadeln
- x Nähnadel
- x Faden
- x Füllmaterial

AUF EINEN BLICK

Bevor du beginnst, solltest du Folgendes schon gelernt haben:

Saumstich (Seite 27)

Vorstich (Seite 24)

Knopf annähen (Seite 31)

Ein Kissen ausstopfen (Seite 36)

FÜR DIE ERWACHSENEN

Mit der Erfahrung einiger selbstgenähter Kissen sind die Kinder soweit, sich mit der Hand einen kleinen Freund zu nähen (bitte hier nicht die Maschine benutzen). Oft geraten dabei die Arme und Beine zu schmal, um sie später auszustopfen. Bei den Maßen unseres Schnittes haben wir das berücksichtigt. Die Kinder sollten Gesicht und Körpervorderseite vor dem Zusammennähen bearbeiten. Vielleicht können Sie dann beim Ausstopfen von Armen, Beinen und Ohren noch etwas helfen.

1 Übertrage den Schnitt aus dem Anhang des Buches mit Kreide erst auf das eine, dann auf das andere Stoffteil.

2 Schneide beide Teile aus.

3 Verziere die Stoffteile mit Knöpfen oder anderen Nähutensilien, bevor du sie zusammennähst – ganz, wie es dir gefällt!

FORTSETZUNG

UNVERKENNBAR DEINS!

* Wie wär's mit Fleece- oder Filz-Stoff?

* Verändere die Formen von Ohren, Armen und Beinen.

* Ergänze einen Schwanz.

* Gestalte beidseitig.

* Ändere mutig, was immer du möchtest!

4 Leg das Vorderteil auf das hintere Teil des Stoffes; beide liegen mit der rechten Seite nach außen. Steck die Teile zusammen.

Teile zusammen-stecken

5 Jetzt wird genäht! Folge mit der Naht aus Saum- oder Vorstichen dem Rand des Stoffes.

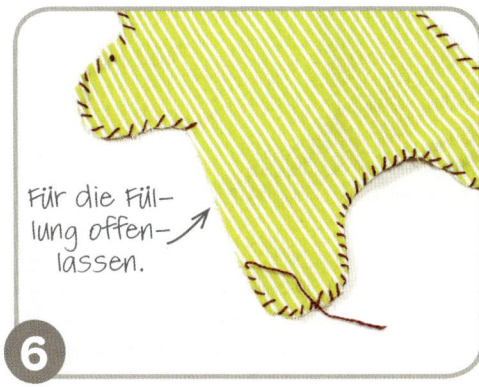

Für die Füllung offen-lassen.

6 Lass die Naht an einer Stelle für die Füllung noch offen. Stecknadeln entfernen und Nähnadel vom Arbeitsfaden ziehen.

TIPP: Mit einem Stift kommst du auch an die engeren Stellen.

7 Stopf deinen kleinen Freund aus. Achte dabei vor allem auch auf die engen, kleinen Teile.

8 Fädle den Arbeitsfaden wieder ein und schließe die Naht. Faden verknoten und abschneiden.

Sag »Hallo« zu deinem neuen kleinen Freund!

Immer-bei-dir-Decke ☆☆☆

Dieses Projekt besteht aus der Immer-bei-dir-Decke und einem kleinen Taschenfreund, für den wir eine eigene Tasche machen.

wohin bringst du mich?

Was du brauchst

- Schnittmuster für die Immer-bei-dir-Decke und den Taschenfreund
- Fleece, ca. 1 laufenden Meter
- Kreide
- Schere
- Nähnadel
- Faden
- Band oder Borte
- Nähutensilien
- Stecknadeln
- Füllmaterial

AUF EINEN BLICK

Bevor du beginnst, solltest du Folgendes schon gelernt haben:

Saumstich (Seite 27)

Vorstich (Seite 24)

FÜR DIE ERWACHSENEN

Dieses Projekt erfordert eine Menge Schritte und könnte sich über mehrere Tage hinziehen. Mit etwas Geduld ist es aber ein sehr schönes und befriedigendes Projekt! Die Kinder brauchen vielleicht Hilfe beim Nähen der Arme und Beine des Taschenfreundes und beim Ergänzen der Tasche.

Teil 1: Der Taschenfreund

Wie süß! Du kannst die Augen aufsticken, Knöpfe oder Kulleraugen aufnähen.

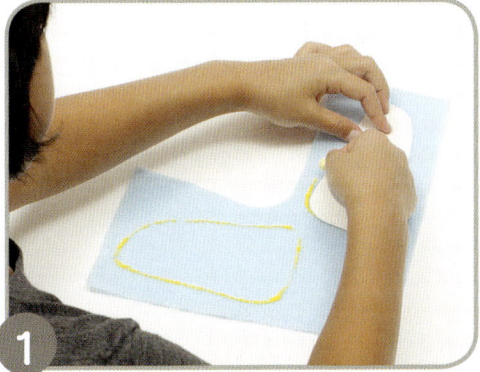

1 Übertrage das Schnittmuster für den Körper des Taschenfreundes mit Kreide zweimal auf den Filz.

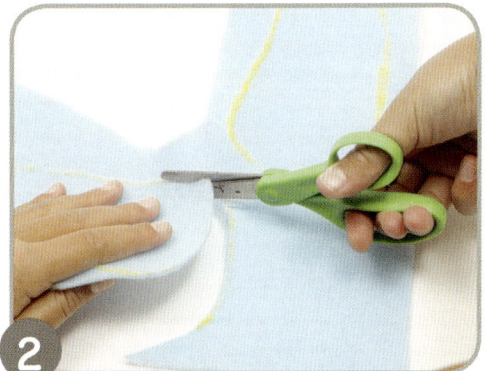

2 Beide Filzstücke für den Körper des Taschenfreundes ausschneiden.

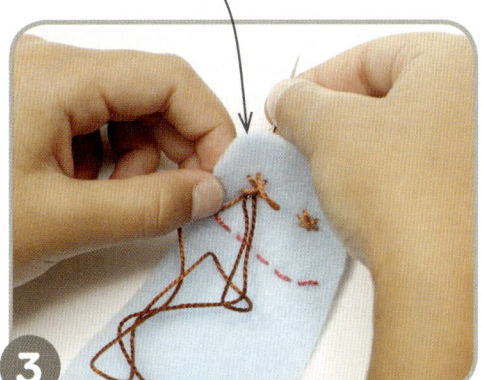

3 Auf eins der Filzteile kommt ein Gesicht. Stick den Mund im Vorstich auf.

FORTSETZUNG

Die kuschelige Decke ist genau das richtige für ein Schläfchen oder längere Autofahrten mit der Familie. Und dein kleiner Taschenfreund ist auch mit dabei!

4

Für Arme und Beine schneide Bänder oder Borten in vier Teile (Länge nach Augenmaß). Leg sie auf das Filzteil für die Rückseite deines Taschenfreundes.

5

Nähe oder klebe die Arme und Beine an die richtigen Stellen.

Mach Hand-gelenke und Knöchel.

6

Knote das Band an den »Handgelenken« und »Knöcheln«, wenn du magst.

7

Schneide ein ca. 50 cm langes Stück Band oder Borte für die Leine ab.

8

Nähe oder klebe die Leine auf die Rück-seite des Taschenfreundes.

Die angenähten Enden der Arme und Beine sollen jetzt innen liegen.

9

Leg jetzt das Vorderteil auf das Rückenteil.

FORTSETZUNG

UNVERKENNBAR DEINS!

* Denk dir einen eigenen Taschenfreund aus. Ein kleines Kuscheltier (Seite 49) ist perfekt dafür!

* Anstelle des Fleece kannst du auch ein Handtuch oder eine fertige Decke verwenden.

* Verziere deinen Taschenfreund, bevor du ihn auf die Decke nähst.

* Wie wär's mit einem Taschenfreund auf deinem Soooweich-Kissen (Seite 47), an deinem Zuzieh-Beutel (Seite 70) oder deinem Rucksack?

Nähe durch Arme, Beine und Leine, damit sie gut halten.

10

Nähe mit Vorstich oder Saumstich einmal rund um den Körper des Taschenfreundes und stich dabei auch durch Arm-, Bein- und Leinenansatz, damit sie gut halten. Lass die Naht unten für die Füllung offen. Jetzt hast du es fast geschafft.

11

Zieh die Nadel vom Faden und stopf den kleinen Kerl aus.

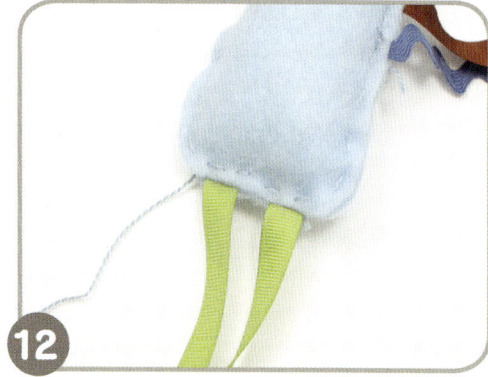

12

Faden wieder einfädeln und Naht schließen. Faden verknoten und abschneiden.

Der Taschenfreund ist fertig! Jetzt wird es Zeit für die Decke.

Teil 2: Decke und Tasche für den Taschenfreund

1 Falte den Fleece-Stoff in der Mitte mit den kurzen Enden aufeinander.

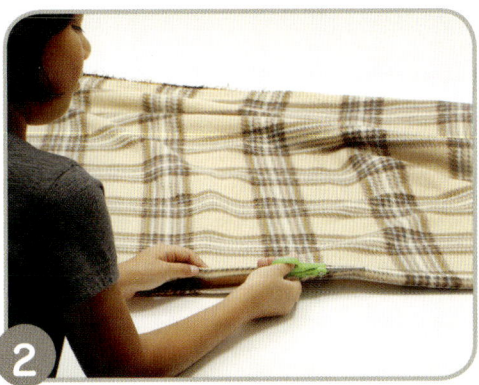

2 Schneide ihn am Falz schön gerade auseinander. Eine Hälfte ergibt deine Decke, die andere kannst du zur Seite legen.

3 Schneide an allen vier Seiten ca. 2,5 cm lange und 1 cm breite Fransen in die Decke.

4 Und jetzt die Tasche: Übertrage den Schnitt der Tasche, die du gerne aufnähen möchtest, mit Kreide auf Fleece oder Filz und schneide sie aus.

Leine nicht verdrehen!

5 Nähe das Ende des Bandes an deinem Taschenfreund an einer Seite der Tasche fest.

FORTSETZUNG

ca. 8 cm
von den
Rändern

6 Steck die Tasche auf der Decke fest –
ca. 8 cm von den Rändern entfernt.

7 Nähe die Tasche mit einer Vorstichnaht an.

Setz deinen kleinen Freund in die Tasche! Wohin geht eure erste Reise?

SUPER PRAKTISCH

In diesem Kapitel lernst du, eine Tasche, einen Beutel, eine Hülle, eine Geldbörse und eine Schürze zu nähen. Wenn du fertig bist, hast du jeweils etwas geschafft, das super praktisch ist und das du gut für dich selbst nützen kannst.

☆ *leicht* ☆☆ *mittel* ☆☆☆ *schwierig*

»Die Tasche ist einfach klasse! Ich hab' mein Handy, mein Portemonnaie, einen Stift und meinen Haustürschlüssel dabei!«
– MALLORY, 13

Mein-ganzes-Zeug-in-einer-Tasche ☆

Alle GUTEN SACHEN hier rein!

Mit dieser Tasche hast du immer alles wichtige dabei.

Was du brauchst

- x Schnittmuster
- x Baumwollstoff, ca. 30 cm vom laufenden Meter
- x Kreide
- x Schere
- x Stecknadeln
- x Nähnadel
- x Faden
- x Band für den Trageriemen

AUF EINEN BLICK

Bevor du beginnst, solltest du Folgendes schon gelernt haben:

Saumstich (Seite 27)

Vorstich (Seite 24)

FÜR DIE ERWACHSENEN

Dieses praktische Projekt ist für Anfänger und Fortgeschrittene gleichermaßen geeignet. Die oberen Ränder können, müssen aber nicht umsäumt werden, falls das für die kleineren Nähfans noch zu schwierig ist. Den Trageriemen anzubringen, könnte ein bisschen Hilfe von Ihrer Seite erfordern.

Schnittmuster umranden.

1 Übertrage das Schnittmuster mit Kreide zweimal auf deinen Stoff.

2 Beide Stoffteile ausschneiden.

TIPP: Stecknadeln halten die Stoffteile zusammen.

3 Lege die Teile jeweils mit der rechten Seite nach innen aufeinander

oben offen lassen.

4 Nähe die beiden Stoffteile an den langen Seiten und einer der schmalen Seiten mit einem Saumstich zusammen. Oben offenlassen, Stecknadeln entfernen.

FORTSETZUNG ➤

65

UNVERKENNBAR DEINS!

* Du findest Fleece oder Filz schöner?

* Mach die Tragriemen länger oder kürzer.

* Die Tasche soll kleiner oder größer sein? Kein Problem!

* Nähe eine Seitentasche auf.

* Bring einen Klettverschluss oder einen Knopf an.

* Nähe die Tasche mit der Nähmaschine.

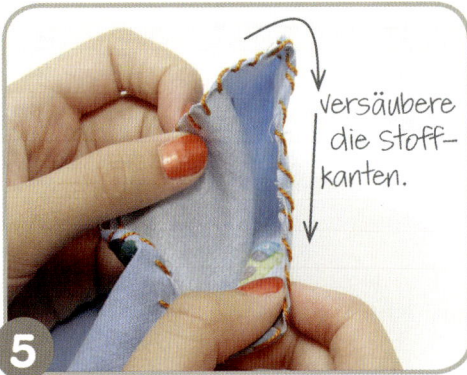

versäubere die Stoffkanten.

5 Wenn du magst, versäubere die oberen Ränder jetzt mit dem Saumstich, damit sie nicht so ausfransen. Achtung! Nähe dabei nicht versehentlich die beiden Stofflagen zusammen!

6 Zeit für den Trageriemen. Schneide das Band auf eine Länge deiner Wahl.

7 Nähe die Enden jeweils am Seitensaum von innen fest in die Tasche.

Deine Tasche ist fertig! Was legst du da als erstes hinein?

Wunderbare Geldbörse ☆☆

In der Geldbörse kann man nicht nur Geld, sondern auch noch viele andere Dinge aufbewahren.

Was du brauchst

- x Schnittmuster
- x Bastelfilz, 1 Bogen für außen, 1 Bogen für innen
- x Kreide
- x Schere
- x Knopf
- x Stecknadeln
- x Nähnadel
- x Faden

AUF EINEN BLICK

Bevor du beginnst, solltest du Folgendes schon gelernt haben:

Saumstich (Seite 27)

Vorstich (Seite 24)

Einen Knopf annähen (Seite 31)

FÜR DIE ERWACHSENEN

Dieses Projekt ist sehr nützlich. Es lässt sich vielfältig variieren. Jüngere Kinder brauchen vielleicht Hilfe mit dem Knopf. Das Nähen an der Lasche könnte auch ein bisschen schwierig sein.

Schnitt umranden.

1 Übertrage mit Kreide das Schnittmuster aus dem Anhang des Buches einmal auf den Filz.

2 Schneide die Form aus dem Filz aus. Das ist die äußere Hülle der Geldbörse.

Knopf an dieser Seite mittig annähen.

3 Nähe den Knopf an der kurzen Seite des Filzes (ohne Lasche) mittig nah am Rand an.

FORTSETZUNG

4 Jetzt machen wir das Knopfloch. Falte das Ganze in der Mitte und leg die Lasche über den Knopf. Markiere die Wölbung, an der der Knopf sich durchdrückt, mit einer Kreidelinie.

5 Falte die Lasche in der Mitte der Kreidelinie und schneide an der Linie entlang das Knopfloch hinein.

6 Und zuknöpfen! Ist das Knopfloch noch zu eng, schneide es etwas weiter auf.

7 Übertrage den Schnitt für das Innere der Börse einmal auf Filz.

8 Schneide den Filzstreifen aus.

UNVERKENNBAR DEINS!

* *Verziere die Außenseite mit deinem Namen, anderen Stickereien oder Formen aus Filz.*

* *Verwende Baumwollstoff oder Fleece.*

* *Verändere Größe oder Anzahl der Taschen.*

* *Verwende Kreppverschlüsse statt Knöpfen.*

9 Steck das Innenteil der Börse auf der Rückseite des Außenteils fest.

10 Jetzt wird genäht! Fang an der oberen Ecke an, Innen- und Außenteil an den drei Außenseiten mit dem Saumstich zusammenzunähen.

11

Auch an der Lasche nähst du mit dem Saumstich weiter. Drück die Nadel durch das Außenteil und zurück durch das Innenteil.

12

Fertig! Vergiss den Knoten am Ende nicht. Fadenrest gleich über dem Knoten abschneiden. Stecknadeln entfernen.

»Ich hab' mir die Börse für mein Taschengeld genäht.«
– JACK, 7

13

Knickpunkt kennzeichnen.

Jetzt kommen die beiden Innentaschen. Falte die Börse in der Mitte zusammen und markiere den Knickpunkt mit Kreide.

14

Markieer innen in der Börse, ausgehend vom Knickpunkt, die Mittellinie. Setz auf der Linie eine Vorstichnaht.

Jetzt hast du zwei Innentaschen.

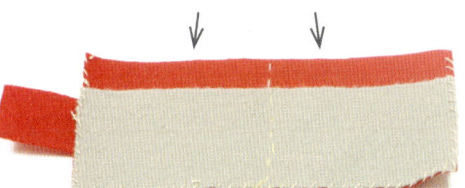

Deine Börse ist einsatzbereit! Wofür willst du sie verwenden?

Zuzieh-Beutel ☆☆

In einem Beutel wie diesem kannst du viele Dinge aufbewahren.

AUF EINEN BLICK
Bevor du beginnst, solltest du Folgendes schon gelernt haben:

Vorstich (Seite 24)

Eine Nahtzugabe hinzufügen (Seite 30)

Einen Tunnelsaum nähen (Seite 37)

FÜR DIE ERWACHSENEN
Hier können die Kinder auf bereits gelernte Techniken zurückgreifen, aber auch neue lernen. Die gleichen Techniken werden sie auch bei dem Projekt »Ein Rock für mich« (Seite 110) wieder brauchen. Sie sollten den Kindern vielleicht beim Tunnelsaum und dem Durchziehen des Bandes helfen.

1 Übertrage das Schnittmuster zweimal auf den Stoff.

2 Beide Teile ausschneiden.

3 Steck die Teile jeweils mit der rechten Seite bündig aufeinander, damit sie nicht verrutschen.

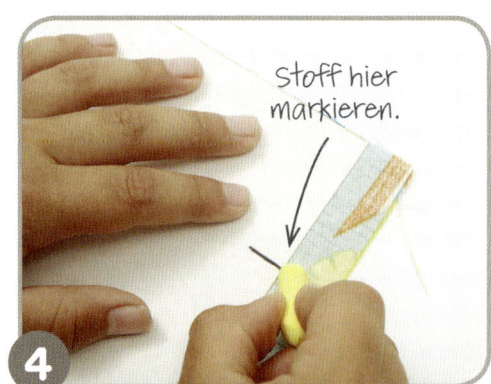

Stoff hier markieren.

4 Markiere die Stelle, an der der Saum beginnt, entsprechend der Markierung auf dem Schnitt mit Kreide.

FORTSETZUNG ➡

»Mir gefällt die Größe des Beutels. Er ist superleicht und echt praktisch.«

— SONNY, 8

Setz die Naht an der Markierung an.

5

Beginne an der Markierung, mit einer Vorstichnaht. Lass eine Nahtzugabe von ca. 1 cm stehen (siehe Seite 30).

Oben offen lassen.

6

Schließ mit der Naht drei Seiten des Beutels. Oben bleibt er offen.

Beide Seiten des Überschlags jeweils feststecken.

7

Zeit für den Tunnelsaum: Falte den oben stehengebliebenen Stoff ringsum, sodass der Rand auf dem ersten Stich, den du gemacht hast, aufliegt. Steck die Seiten fest.

8

Den Überschlag rundum mit einer Vorstichnaht festnähen, die ganz nah am Rand verläuft, damit der Überschlag einen Tunnel für dein Band bildet. Am Schluss die Stecknadeln entfernen.

9

Bring die Sicherheits- oder die Klemmnadel an einem Ende deines Bandes oder Garnes an.

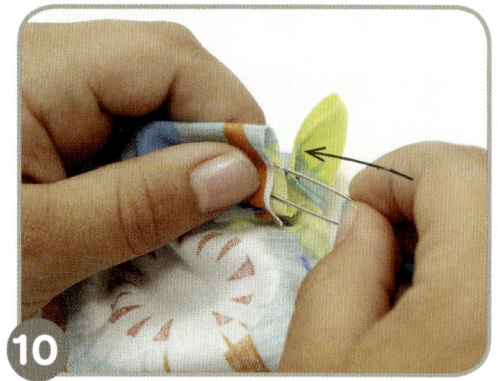

10

Drück und zieh das Band durch den Tunnel (siehe Seite 37).

11 Ist das Band komplett durch den Tunnelsaum gezogen, lass jedes Ende ca. 15 cm lang stehen.

Enden jeweils ca. 15 cm lang stehen lassen.

12 Verknote die beiden Enden des Bandes miteinander.

13 Drehe den Beutel auf rechts.

Zieh zu!

Zieh mit dem Band den Beutel oben zusammen.

UNVERKENNBAR DEINS!

* Verlängere das Band, sodass du dir den Beutel umhängen kannst.

* Mach den Beutel größer.

* Verzier den Beutel.

* Nähe den Beutel mit der Nähmaschine.

Passt-genau-Hülle ☆☆☆

AUF EINEN BLICK

Bevor du beginnst, solltest du Folgendes schon gelernt haben:

Vorstich (Seite 24)

Saumstich (Seite 27)

Einen Knopf annähen (Seite 31)

FÜR DIE ERWACHSENEN

Die gefütterte Hülle gehört zu den schwierigen Projekten in diesem Buch. Die Kinder sollten schon nähen können und brauchen Zeit und Geduld. Das Knopfloch könnte einigen von ihnen noch schwerfallen. Um es etwas einfacher zu machen, könnte man Filz oder Fleece verwenden, damit man es nicht umsäumen muss.

Zuknöpfen!

Ein hübscher Schutz für deinen MP3-Player oder dein Handy.

1 Übertrage den Schnitt, den du hinten im Buch in unserer Schnittsammlung findest, auf den Außenstoff und schneide die Form heraus.

Außenteil

Innenteil

2 Übertrage den Schnitt auf den Futterstoff und schneide die Form heraus. Hier siehst du Außen- und Innenstoff der Hülle.

Rechte Seiten

3 Leg die rechten Seiten des Stoffes aufeinander und steck sie zusammen.

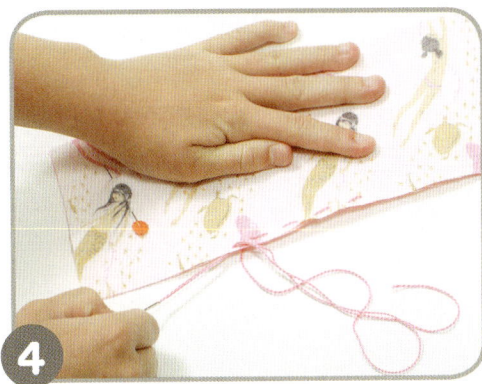

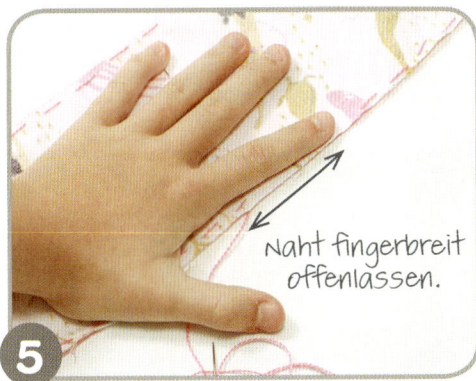

Naht fingerbreit offenlassen.

4 Jetzt wird genäht! Beginne in der Mitte einer der langen Seiten. Nähe die beiden Rechtecke mit einer Vorstichnaht zusammen. Lass eine kleine Nahtzugabe stehen.

5 Lass die Naht einen Fingerbreit offen. Verknote den Faden und schneide den Rest ab.

6 Stecknadeln entfernen und die Hülle auf die rechte Seite drehen. Das geht so:

Wie man die Hülle auf die rechte Seite dreht

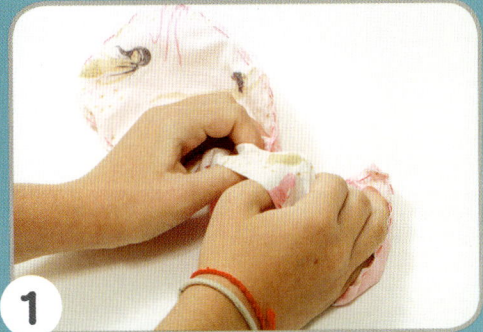

Nicht zu fest drücken.

FORTSETZUNG

1 Greif mit den Daumen durch die Nahtöffnung in die Hülle und raff den Stoff zusammen.

2 Schieb mit den Fingern die Hülle mit der rechten Seite nach außen.

»Das ist, als würde man beim Wäschezusammenlegen einen Socken umstülpen.«
– LILA, 12

3 Drück den Stoff vorsichtig nach und nach durch die Öffnung.

4 Für die Ecken schieb einen Bleistift (hinteres Ende!) oder ein Holzstäbchen in den Hohlraum und drück sie von innen vorsichtig nach außen.

»Die Hülle schützt meinen iPod.
Außerdem ist sie total süß! Ich
find's toll, zu wissen, dass ich
sie selbst genäht habe.«

– LILA, 12

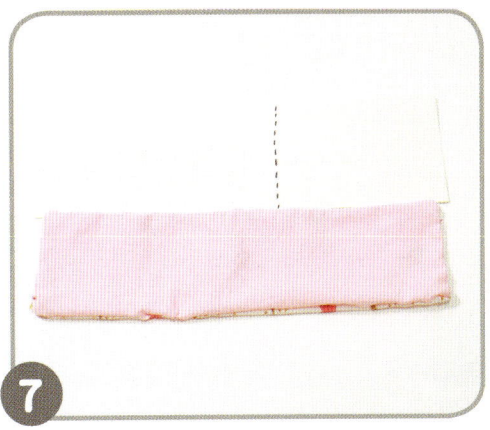

7

Leg die Hülle längs an den Schnitt, Innenseite nach oben.

überschlagen

8

Falte den Stoff an der gestrichelten Linie.

Ränder zusammenstecken.

9

Steck beide Seiten am Rand fest.

10

Nähe die Seiten mit dem Saumstich zusammen.

Einmal um die ganze Hülle herumnähen!

11

Nähe einmal rund um die gesamte Hülle herum.

FORTSETZUNG

UNVERKENNBAR DEINS!

* Lass das Futter weg. Nimm statt Baumwollstoff ein Stück Filz oder Fleece.

* Dekoriere die Hülle vor dem Zusammennähen.

* Pass die Größe der Hülle an ein anderes Gerät an. Denk dabei immer an die Nahtzugabe.

* Nähe statt eines Knopfes einen Klettverschluss an.

* Benutz Flanellstoff für das Futter. Das ist noch weicher!

12 Wie wär's mit einem Knopf? Nähe ihn mittig oben am Rand an das Täschchen.

13 Für das Knopfloch die Lasche überschlagen. Markiere den Punkt, an dem der Knopf sitzt, von außen mit Kreide.

Knopfloch einschneiden.

14 Falte den Stoff entlang der Kreidelinie und schneide ihn für das Knopfloch dort ein. Es sollte knapp über den Knopf passen.

15 Umsäume das Knopfloch mit dem Saumstich. Setz die Stiche ganz eng.

Sobald du mit dem Knopfloch fertig bist, ist deine Hülle einsatzbereit.

An-die-Arbeit-Schürze ★★☆

Diese Schürze hilft dir bei deinen Erledigungen.

AUF EINEN BLICK

Bevor du beginnst, solltest du Folgendes schon gelernt haben:

Wie man mit der Nähmaschine näht (Seite 29)

FÜR DIE ERWACHSENEN

Dies Projekt ist etwas für Fortgeschrittene; jüngere Kinder finden es vielleicht zu verwirrend. Sie sollten Hilfe bei den Taschen und bei den Schürzenbändern anbieten. Es muss nicht unbedingt gebügelt werden, es könnte bei Schritt 7 und 9 aber hilfreich sein. Die Nahtzugabe entspricht hier der Breite des Nähmaschinen-füßchens. Für eine leichtere Version kann man auch einfach Fleece oder Filz verwenden und erst bei Schritt 9 einsteigen.

Such dir zwei schöne Stoffe aus:
außen   innen

1 Übertrage das Schnittmuster einmal mit Kreide auf den Außenstoff, dann einmal auf den Innenstoff. Teile ausschneiden.

Rechte Seiten aufeinanderlegen.

2 Lege die Stoffteile mit der rechten Seite aufeinander und steck sie zusammen.

3 Nähe die Stoffteile mit der Nähmaschine zusammen. Beginne in der Mitte einer der langen Seiten. Am Anfang der Naht zwei-, dreimal mit dem Rückstich (siehe auch Seite 29) den Faden sichern.

FORTSETZUNG ▶

Naht 5 cm weit offenlassen.

4 Nähe die beiden Teile rundherum zusammen. Lass dabei an einer der langen Seiten die Naht ca. 5 cm breit offen.

5 Schneide die Ecken fast bis an die Naht ab.

TIPP: Drück mit der Rückseite eines Bleistifts die Ecken von innen nach außen.

6 Drehe die Schürze durch die Nahtlücke auf rechts (siehe auch Seite 75).

7 Falte den Stoff an der Öffnung bündig nach innen.

Der Stoff sollte bündig mit der Seite des Füßchens laufen.

8 Nähe die Seite mit der Öffnung zu. Die Nahtzugabe richtet sich nach der Breite des Nähfüßchens der Maschine.

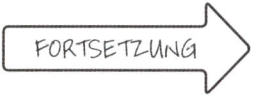

FORTSETZUNG

UNVERKENNBAR DEINS!

Deine Schürze soll dir bei der Arbeit behilflich sein – in der Küche oder am Grill, beim Heimwerken, im Garten oder beim Nähen. Die Taschen können jede beliebige Größe haben, damit du alles Wichtige darin verstauen kannst.

* *Füge für eine Nähschürze ein kleines Nadelkissen hinzu. Oder zum Kochen und Grillen zwei Viel-zu-warm-Topflappen (Seite 92).*

* *Mach Schilder auf die Taschen.*

* *Du hast keine Nähmaschine? Dann nähe die Schürze doch mit der Hand!*

Oben noch ca. 8 cm frei lassen.

9 Lege die Schürze flach auf den Tisch. Nimm die Seite, an der du gerade die Naht geschlossen hast. Falte sie nach oben um. Lass noch ca. 8 cm frei. Steck die Lasche fest.

10 Nähe die Lasche an den kurzen Seiten fest. Sieh zu, dass du alle Stofflagen erwischst.

11 Zeit für die Taschen: Wofür willst du die Schürze einrichten? Markiere dir mit Kreide die gewünschte Menge an Taschen in den richtigen Größen.

»Vielleicht werde ich später mal Tischler. Dann kann ich Bleistift, Lineal, Taschenlampe, Schraubendreher, Zange und viele andere Werkzeuge in meiner Schürze aufbewahren.«

– THOMAS, 8

12 Setz die Nähte auf die Kreidelinien.

13 Falte die Schürze und markiere die Mitte mit Kreide.

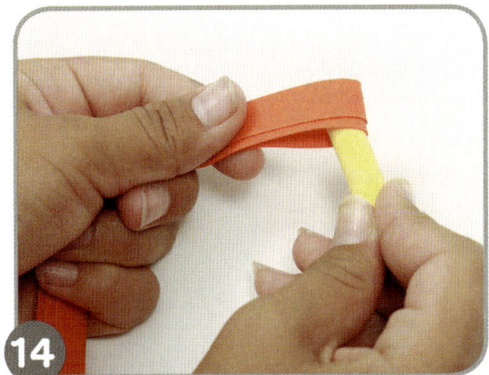

14 Falte auch das Band für die Schürzenbänder in der Hälfte und markiere die Mitte.

Markierungen aufeinanderlegen.

15 Lege die Markierungen von Schürze und Band aufeinander. Falte das Band längs in der Mitte über den Bund der Schürze.

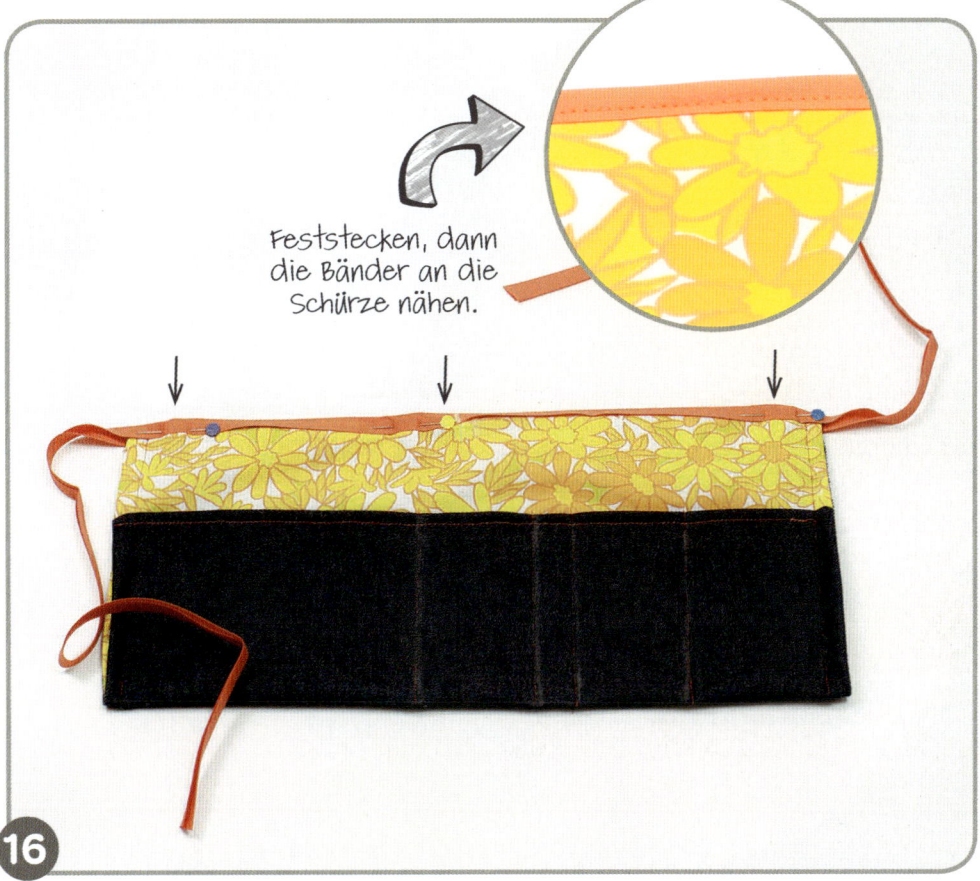

Feststecken, dann die Bänder an die Schürze nähen.

16 Steck das Schürzenband am Bund fest. Nähe sie vom Rand aus mit einem geraden oder einem Zickzackstich fest.

Bravo! Du hast deine erste Schürze genäht! Zieh sie schnell an – und mach dich an die Arbeit!

»wenn man etwas
selbstgenähtes verschenkt,
freuen sich immer alle, weil
das etwas ganz
persönliches ist.«
– EMMA, 9

84

GESCHENKE

*Alle Projekte in diesem Kapitel kann man toll verschenken.
Denke daran: Die Sachen müssen nicht aussehen wie gekauft! Jeder, dem du
etwas Selbstgemachtes schenkst, wird immer daran denken, dass es
mit Liebe gemacht wurde.*

☆  **UNTERSETZER,** Seite 86

☆  **FLÜSTERMAUS,** Seite 88

☆  **ICH-SEH-DICH-ETUI,** Seite 90

☆☆  **VIEL-ZU-WARM-TOPFLAPPEN,** Seite 92

☆ *leicht*　☆☆ *mittel*　☆☆☆ *schwierig*

Untersetzer ☆

vorne   hinten

Diese Untersetzer schützen Tischplatten vor Glas- oder Tassenabdrücken.

Was du brauchst

- x Schnittmuster
- x Baumwollstoff für die Oberseiten, ca. 25 cm
- x Baumwollstoff für die Unterseiten, ca. 25 cm
- x Kreide
- x Schere
- x Stecknadeln
- x Nähnadel
- x Faden

AUF EINEN BLICK

Bevor du beginnst, solltest du Folgendes schon gelernt haben:

Saumstich (Seite 27) oder *Vorstich* (Seite 24)

FÜR DIE ERWACHSENEN

Mit dieser einfachen, aber gut durchdachten Geschenkidee arbeiten die Kinder an ihrer Stichtechnik. Jüngere und Anfänger brauchen beim Auffädeln und Verknoten des Fadens noch ein bisschen Hilfe.

1 Übertrage das Schnittmuster für die Oberseiten viermal mit Kreide auf den Stoff.

Hast du jetzt auch 8 Stoffquadrate?

2 Dann mach das Gleiche auf dem Stoff für die Unterseiten. Schneide die acht Stoffteile aus.

3 Steck jeweils ein Ober- und ein Unterteil mit den rechten Seiten nach außen zusammen.

4 Nähe jeweils alle vier Seiten mit einem Vorstich oder einem Saumstich zusammen. Wiederhole die Schritte 3 und 4 auch für die anderen drei Untersetzer.

UNVERKENNBAR DEINS!

* Nimm Filz für die Unterseiten.

* Bestick die Oberseiten vor dem Zusammennähen.

* Verwende Nessel und bemale die Untersetzer mit Stoffmarkern.

* Dekoriere die Untersetzer mit einer Borte.

* Verwende Stoffreste, so- dass jeder Untersetzer anders aussieht.

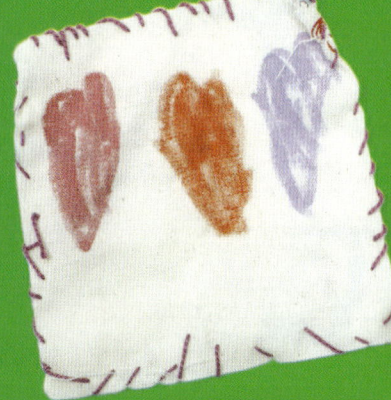

»Serviere selbstgemachte Limonade darauf. Es macht Spaß, die Zitronen auszudrücken und alles mit Wasser und Zucker zu vermischen.«

— HATTIE, 5

Flüstermaus ☆

Was du brauchst

- x Schnittmuster
- x Filzreste
- x Kreide
- x Schere
- x Stecknadeln
- x Faden
- x Füllmaterial
- x Band, mindestens 13 cm lang

Für wen ist diese kleine Maus?

AUF EINEN BLICK

Bevor du beginnst, solltest du Folgendes schon gelernt haben:

Saumstich (Seite 27)

FÜR DIE ERWACHSENEN

Das ist ein schönes Anfängerprojekt. Vielleicht brauchen die Kinder ein bisschen Hilfe beim Anbringen von Ohren und Schwanz.

Mit Kreide umranden.

1 Übertrage das Schnittmuster mit Kreide einmal auf den Filz.

2 Schneide das Filzteil für den Mauskörper aus.

3 Falte den Filz in der Mitte. Nähe die offenen Seiten mit dem Saumstich zusammen. Lass am Ende eine kleine Öffnung.

4 Zieh die Nadel vom Faden. Stopf den Körper aus.

5 Fädle den Faden wieder ein und schließ die noch offene Stelle der Naht. Faden verknoten und abschneiden.

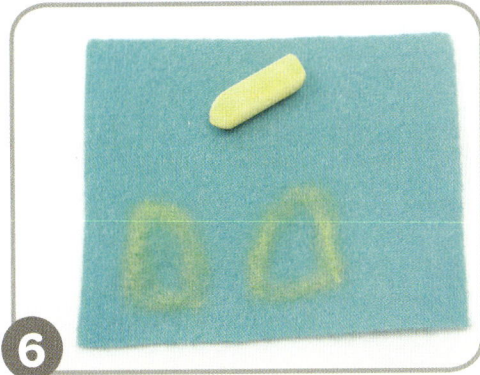

6 Zeichne zwei Ohren auf den Filz.

7 Schneide die Ohren aus.

Saumstich!

8 Nähe mit dem Saumstich an jede Seite des Mauskopfes ein Ohr. Dabei mit der Nadel nicht durch den ganzen Körper stechen!

9 Jetzt braucht die Maus noch einen Schwanz. Nähe mit kleinen Stichen das Band hinten an.

10 Schneide den Schwanz auf eine gute Länge.

Du hast eine Maus genäht!

Schenk sie schnell einem Freund, bevor sie dir noch wegläuft!

UNVERKENNBAR DEINS!

* Nimm Baumwollstoff, Fleece oder ein altes Sweatshirt.

* Gib der Maus Knopf- oder Kulleraugen.

* Fülle die Maus mit Katzenminze und schenk sie deiner Katze als Spielzeug (bitte aber nur ohne Knopfaugen).

* Mach aus deiner Maus ein Nadelkissen!

Ich-seh-dich-Etui ☆

Was du brauchst

- x Schnittmuster
- x Filz in zwei Farben (Etui und Brille)
- x Kreide
- x Schere
- x Stecknadeln
- x Nähnadel
- x Faden

Sicher und immer gleich zur Hand – ein hübsches Etui für deine Brille

AUF EINEN BLICK

Bevor du beginnst, solltest du Folgendes schon gelernt haben:

Saumstich (Seite 27)

Vorstich (Seite 24)

FÜR DIE ERWACHSENEN

Das perfekte Geschenk für jeden Brillenträger. Die Dekoration ist hübsch, muss aber nicht sein. Falls Ihre Kinder sie dabeihaben möchten, brauchen sie beim Ausschneiden und ordentlichen Aufnähen sicherlich etwas Hilfe.

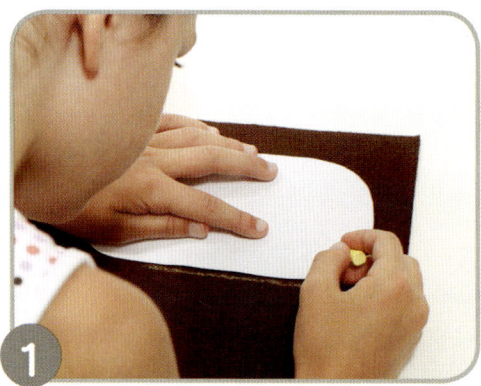

1 Übertrage das Schnittmuster mit Kreide zweimal auf den Filz.

2 Schneide die beiden Filzteile aus.

Schnittmuster für die Deko übertragen.

3 Falls du die Brillen-Dekoration magst, zeichne die Form einmal auf Filz in einer anderen Farbe.

Falten und einen Schlitz einschneiden.

4 Filzbrille ausschneiden. Um die Löcher für die Augen hineinzuschneiden, falte den Filz und mach jeweils einen Schlitz mit der Schere.

feststecken

5 Steck die Brille auf einem der Etui-Teile fest.

TIPP: Du kannst die Brille auch ankleben.

6 Nähe mit einem Vorstich die Deko-Brille am äußeren Rand fest.

feststecken

7 Stecke die beiden Etui-Teile zusammen. Achte darauf, dass die Brille auf der Außenseite sitzt.

8 Jetzt wird genäht! Starte am oberen Ende einer Seite. Nähe die Ränder des Etuis zusammen. Eines der schmalen Enden des Etuis bleibt offen. Faden am Ende verknoten und abschneiden.

Passt deine Brille hinein?

Pass auf, dass die Öffnung groß genug ist für deine Brille!

UNVERKENNBAR DEINS!

* *Entwirf eine eigene Deko-Brille oder stick deinen Namen auf das Etui.*

* *Verändere die Größe der Hülle, sodass auch andere Dinge hineinpassen – wie eine Kamera, ein MP3-Player...*

* *Verwende Baumwollstoff, Fleece oder ein altes Sweatshirt für das Etui.*

* *Nähe das Etui mit der Nähmaschine.*

»Gefällt mir! Sehr praktisch für meine Sonnenbrille.«
– PHOEBE, 5

Viel-zu-warm-Topflappen ☆☆

Was du brauchst

- ✗ Schnittmuster
- ✗ Zwei Stücke Baumwollstoff, mindestens 20 x 20 cm
- ✗ Filzquadrate
- ✗ Kreide
- ✗ Schere
- ✗ Stecknadeln
- ✗ Nähnadel
- ✗ Faden
- ✗ Band oder Borte, ca. 18 cm lang

Ein wirklich praktisches Geschenk! Dein Lieblingskoch wird begeistert sein!

AUF EINEN BLICK

Bevor du beginnst, solltest du Folgendes schon gelernt haben:

Saumstich (Seite 27)

FÜR DIE ERWACHSENEN

Bestens geeignet für Kinder, die keine Anfänger mehr sind, aber auch noch keine Fortgeschrittenen. Vielleicht brauchen sie Hilfe dabei, mit der Nadel durch alle Stoffschichten und das Band zu stechen.

WICHTIGER HINWEIS:
Der fertige Topflappen ist nur für warme, nicht für extrem heiße Töpfe und Pfannen geeignet – oder alternativ dazu als Untersetzer für Schüsseln und Teller.

1 Übertrage das Schnittmuster mit Kreide zweimal auf deinen Stoff. Du kannst ruhig zwei verschiedene Stoffarten verwenden.

wie wär's mit zwei verschiedenen Stoffen?

2 Schneide die Stoffquadrate aus.

3 Übertrage die gleiche Form einmal auf den Filz.

4 Schneide das Filzquadrat aus.

5

Mach ein »Filz-Sandwich«: Leg den Filz zwischen die beiden anderen Stoffteile. Zeigen die rechten Seiten der beiden Quadrate nach außen?

Mittig zur Schlaufe falten.

6

Schneide ein ca. 10 cm langes Stück Band oder eine Zickzack-Borte ab und bilde daraus eine Schlaufe.

TIPP: Achte darauf, dass die Schlaufe außen liegt.

7

Lege die Schlaufe oben an einer Ecke unter der oberen Stoffschicht auf den Filz und steck sie fest.

FORTSETZUNG

»Der Topflappen ist für jemanden, der gerne Kekse und Brownies backt!«
— FRANCES, 7

Der erste Stich geht durch alle Schichten.

8 Jetzt wird genäht! Setz den ersten Stich durch das Band und alle Stoffschichten.

TIPP: Lass dir Zeit! Mach kleine Stiche.

UNVERKENNBAR DEINS!

* Nimm für eine Seite deines Topflappens doch Nessel und mal ihn vor dem Nähen mit Stoffmarkern an!

* Verwende Patchwork-Stoffe.

* Nähe den Topflappen mit der Nähmaschine.

9 Nähe mit dem Saumstich alle vier Seiten zusammen. Es hilft, wenn du die Stofflagen vorher zusammensteckst, damit sie nicht verrutschen.

Was für ein nützliches Geschenk für deinen Lieblings-Küchenchef.

Liebevoll verpackt

Hier findest du einige schöne Ideen für eine originelle Verpackung deiner selbstgemachten Geschenke mit Herz.

* *Schneide mit der normalen oder einer Zickzackschere anstelle von Geschenkpapier ein Stück Stoff zum Einschlagen deines Geschenkes aus. Binde die Schleife mit Handarbeitsschnur.*

* *Verpacke deine Geschenke in Packpaper oder eine Zeitung und mach eine hübsche Schleife aus Zickzackborte oder bunten Bändern.*

* *Verschenke zwei Geschenke in einem: Bastle einen individuellen Anstecker (Seite 123) und kleb ihn auf eine Karte oder gleich auf das Päckchen.*

* *Leg dem Topflappen dein Lieblingsrezept bei (Seite 92), oder deinen Untersetzern (Seite 86) eine Flasche selbstgemachter Limonade.*

* *Heb auch noch so kleine Stoffreste auf. Kleb sie auf eine individuelle Postkarte. Schneide ein Herz aus Stoff aus und klebe oder nähe es auf ein Stück festes Papier oder Pappe.*

ZUM ANZIEHEN

Die Projekte hier wirst du alle gern tragen und dich damit wohlfühlen.
Das beste daran aber ist: Du zeigst damit (d)einen ganz eigenen Stil!
Wenn dich dann jemand fragt, wo du das denn gekauft hast, kannst
du ganz lässig antworten: »Das? Ach, das habe ich selbst gemacht.«

☆ *leicht*   ☆☆ *mittel*   ☆☆☆ *schwierig*

Süße-Träume-Maske ☆

Was du brauchst

- x Schnittmuster
- x Fleece-Fetzen, mindestens 20 cm lang
- x Kreide
- x Schere
- x Maßband
- x ca. 1 cm breites Gummiband
- x Nähnadel
- x Faden

Süße Träume mit deiner Schlafmaske! Sie ist wie für ein kleines Nachmittagsschläfchen auf Reisen oder am Nachmittag gemacht.

AUF EINEN BLICK

Bevor du beginnst, solltest du Folgendes schon gelernt haben:

Vorstich (Seite 24)

FÜR DIE ERWACHSENEN

Dieses Anfängerprojekt ist ganz einfach und macht Spaß. Die Kinder können sicherlich Hilfe beim Abmessen und Binden des Gummibandes gebrauchen.

»Mit einer Schlafmaske kann man viel schneller einschlafen!«
– ZEN, 9

1 Übertrage das Schnittmuster einmal mit Kreide auf den Fleece-Stoff.

2 Schneide das Fleece-Teil aus.

Von Auge zu Auge messen.

3 Miss das Band von Auge zu Auge um den Hinterkopf, ohne es zu dehnen. Bitte jemanden, dir dabei zu helfen. Schneide es in der richtigen Länge ab.

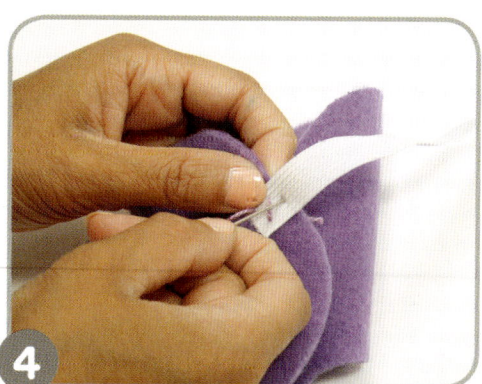

4 Nähe ein Ende des Gummis seitlich mittig an eine der schmalen Innenseiten der Maske.

5

Nähe mit einem Vorstich ein X, um das Gummiband gut zu befestigen.

Vorsicht, dass sich das Gummiband nicht verdreht!

6

Jetzt nähe das andere Ende an die gegenüberliegende Seite.

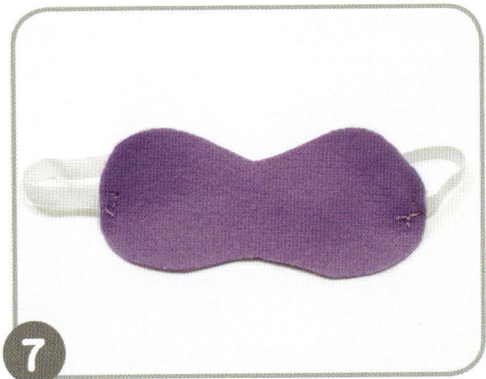

7

Drehe die Maske um. Das ist die Vorderseite.

Jetzt zieh die Maske an – Zeit für süße Träume

UNVERKENNBAR DEINS!

* *Bestick oder bemal die Maske von außen mit Stoffmarkern.*

* *Nimm Baumwollstoff oder Flanell.*

* *Vielleicht doch lieber eine Karnevalsmaske? Schneide zwei Löcher für die Augen hinein.*

* *Verschenk die Schlafmaske.*

* *Mach einen kleinen Doppelgänger von deiner Maske für deine Puppe oder dein Kuscheltier.*

* *Näht euch Schlafmasken bei eurer nächsten Übernachtungsparty.*

Mützeninvasion! ☆

Diese fleeceweiche Mütze hält dich bei all deinen Winterabenteuern schön warm.

Was du brauchst

- x Schnittmuster
- x Fleece, ca. 25 cm vom laufenden Meter
- x Kreide, Schere
- x Stecknadeln
- x Nähnadel
- x Faden

AUF EINEN BLICK

Bevor du beginnst, solltest du Folgendes schon gelernt haben:

Saumstich (Seite 27)

FÜR DIE ERWACHSENEN

Diese einfache Mütze ist sehr einfach zu nähen. Sie passt auf fast jeden Kopf. Falls die Kinder sie einem Erwachsenen schenken möchten, muss der Schnitt vergrößert werden. Für kleinere Kinder oder Babys kann man sie natürlich auch verkleinern.

1 Zieh vorsichtig am Fleece, um die dehnbare Seite zu finden.

2 Übertrage das Schnittmuster zweimal auf den Fleecestoff. Die flache Seite des Schnittes sollte auf der dehnbaren Stoffseite liegen.

FORTSETZUNG →

UNVERKENNBAR DEINS!

* Klapp den Rand hoch – oder auch nicht.

* Nähe noch einen Anstecker (Seite 123) daran.

* Dekoriere die Mütze mit Knöpfen oder Pompons.

* Nähe sie aus zwei verschiedenen Mustern oder Farben.

* Nähe sie mit der Maschine.

* Verändere ihre Form.

* Verwende ein altes T-Shirt oder einen Sweater.

3 Schneide die beiden Fleece-Teile für die Mütze aus.

4 Steck sie mit Stecknadeln aufeinander, die rechten (kuscheligeren) Seiten nach außen.

5 Nähe mit dem Saumstich einmal um die halbrunde Form der Mütze.

Perfekt! Margaret hat sich noch einen Anstecker an die Krempe genäht.

Armband für Superhelden ☆

Was du brauchst

- x Schnittmuster
- x Filzreste (einer davon mindestens 23 cm lang)
- x Kreide
- x Schere
- x Nähnadel
- x Faden
- x Knopf

Mit deinem Armband siehst du aus wie ein Superheld. Emilio hat einen Blitz auf seins genäht, weil er unglaublich schnell rennen kann!

AUF EINEN BLICK

Bevor du beginnst, solltest du Folgendes schon gelernt haben:

Vorstich (Seite 24)

Einen Knopf annähen (Seite 31)

FÜR DIE ERWACHSENEN

Ein schönes Projekt, das enorm die Kreativität anregt. Der Erfolg ist sofort sichtbar. Anfänger könnten bei Knopf und Knopfloch wohl noch ein bisschen Unterstützung gebrauchen.

1 Übertrage das Schnittmuster einmal auf den Filz.

2 Schneide das Filzteil aus.

3 Nähe den Knopf an ein Ende des Armbands.

FORTSETZUNG →

UNVERKENNBAR DEINS!

* Du kannst dein Armband verzieren, wie du möchtest – versuch doch mal, dir ein eigenes Superhelden-Zeichen zu machen.

* Du kannst auch einen Kreppverschluss annähen.

* Kleb eine Filzdeko darauf.

* Mach das Armband aus Fleece oder Baumwollstoff.

* Schneide das Armband länger zu – dann kannst du dir ein Halsband oder einen Gürtel machen.

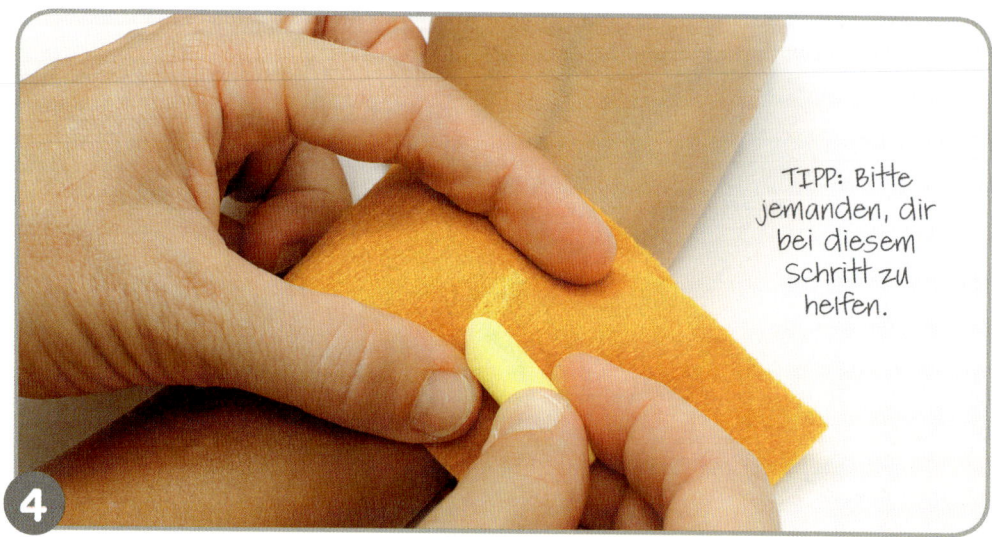

TIPP: Bitte jemanden, dir bei diesem Schritt zu helfen.

Schlage das Armband um dein Handgelenk, das Ende ohne Knopf über den Knopf. Markiere den Filz an der Stelle über dem Knopf. An dieser Stelle wird das Knopfloch sitzen.

Falte den Filz an der Kreidelinie und schneide ein Knopfloch hinein.

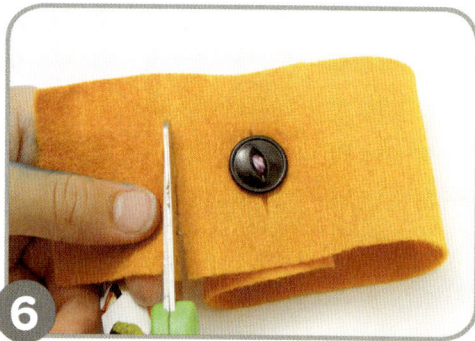

Zuknöpfen. Ist der Filzstreifen zu lang? Dann kürze ihn noch ein bisschen.

Zeit für deinen Superhelden-Auftritt! Schneide dir Formen aus Filz zurecht, um dein Armband noch witzig zu dekorieren.

Nähe die Filzformen mit dem Vorstich an oder kleb sie einfach auf.

Dein Armband für Super-helden ist fertig!

»Wenn ich ein echter Superheld wäre, könnte ich mich überall hinzaubern! Oder Feuerbälle werfen!«

– HOBIE, 7

Ein Vogel? Ein Flugzeug? – Nein, das bist du!

Du willst dich als Superheld verkleiden? Hier findest du fünf Ideen dafür.

1. Mach dir passend zum Superhelden-Armband noch einen kunstvollen Anstecker (Seite 123). Dekoriere ihn mit Filzblitzen oder anderen Machtsymbolen.

2. Verkleide dich mit einer Süße-Träume-Maske (Seite 98) mit Ausschnitten für die Augen.

3. Nähe dir mit dem Schnittmuster für die Mützeninvasion (Seite 101) eine Superheldenmütze.

4. Mach dir aus einer An-die-Arbeit-Schürze (Seite 79) einen praktischen Gürtel für deine Superhelden-Bewaffnung.

So, jetzt aber raus mit dir. Geh mal schnell die Welt retten!

Viele Leute denken, ich hätte den Rock meiner Puppe gekauft – dabei hab ich ihn selbst gemacht!«

– STELLA, 8

Ein Rock für meine Puppe ☆☆

Einer der nied-
lichsten Puppenröcke
aller Zeiten!

Was du brauchst

- x Schnittmuster
- x Bumwollstoff, ca. 25 cm vom laufenden Meter
- x Kreide
- x Schere
- x Nähnadel

- x Faden
- x Lineal
- x Sicherheits- oder Klemm-nadel (Seite 14)
- x 1,25 cm breites Gummi-band, ca. 46 cm lang

AUF EINEN BLICK
Bevor du beginnst, solltest du
Folgendes schon gelernt haben:

Saumstich (Seite 27)

Vorstich (Seite 24)

Einen Tunnelsaum (Seite 37)

FÜR DIE ERWACHSENEN
Mit der Hand genäht ist dieses
Projekt eine gute Vorübung für
das nächste Projekt (»Ein Rock
für mich«, Seite 110). In klassi-
scher A-Form gehalten, passt das
Röckchen »Standard«-Puppen
von ca. 46 cm Länge und den
meisten Kuscheltieren. Der Schnitt
lässt sich in Weite und Länge aber
auch leicht anpassen. Kinder
können gut ein bisschen Hilfe mit
dem Tunnelsaum gebrauchen.
Einfacher geht es, wenn man ihn
ein bisschen vorbügelt.

TIPP: Du kannst den Stoff auch einmal falten und
zusammenstecken, bevor du den Schnitt aufzeichnest.
Schneide vorsichtig beide Stofflagen gleichzeitig aus, dann
sind beide Teile des Rocks gleich.

1 Übertrage das Schnittmuster mit Kreide zweimal auf den Stoff.

FORTSETZUNG ➡

2

Schneide den Stoff zu und lege die rechten Seiten aufeinander. Dann stecke sie zusammen.

3

Nähe beide Seiten des Rockes jeweils mit dem Saumstich zusammen.

4

Beide Säume sind fertig.

UNVERKENNBAR DEINS!

* *Nähe dir und deiner Puppe den gleichen Rock!*

* *Nähe den Rock mit der Näh-maschine.*

* *Nähe Taschen auf.*

* *Umsäume den Rock mit Band oder Zickzackborte.*

* *Verlängere den Rock und bring Schulterträger an – und schon hast du ein Kleid!*

5

Zeit für ein Taillenband: Schlag den oberen Rand ringsherum ca. 2,5 cm nach innen um. Dabei zeigt die rechte Stoff-seite nach oben.

6

Nähe den Überschlag von einer der Seitennähte ausgehend mit einem Vorstich am Stoffrand fest, sodass ein Tunnelsaum entsteht. Lass 5 cm der Naht noch offen.

7

Ziehe mithilfe der Sicherheits- oder der Klemmnadel das Gummi in den Tunnelsaum.

8

Lass die Puppe den Rock anprobieren, damit er gut sitzt.

9 Sobald er gut sitzt, steck beide Gummibandenden am Rock fest, damit sie nicht verrutschen, wenn du der Puppe den Rock ausziehst.

10 Lege ein Gummiende auf das andere und Nähe sie zusammen. Vorsicht, dass sich das Gummiband nicht verdreht!

11 Lass das Gummiband im Saum verschwinden und verschließe die Naht.

wenn du fertig bist, wende den Rock auf die rechte Seite.

Den Rand mit einem Saumstich umsäumen.

12 Die untere Stoffkante des Rocks kannst du mit dem Saumstich abketteln, bzw. den Stoff nach innen umschlagen und einen richtigen Saum nähen oder sie mit einem doppelten Nahtband absetzen (Seite 79).

Passt sogar deinem Lieblings-Teddy!

Ein Rock für mich ☆☆☆

Dein Rock (der wirklich einzigartig sein wird!) kann auch mit der Maschine genäht werden. Jeder wird dich fragen, wo du ihn gekauft hast.

Was du brauchst

- x Schnittmuster
- x Baumwollstoff, ca. 92 cm vom laufenden Meter, ca. 1,40 cm für den mittleren und großen Schnitt
- x Kreide, Schere
- x Stecknadeln
- x Nähmaschine und Garn
- x Bügeleisen
- x Lineal
- x ca. 1,25 cm breites Gummiband, ca. 92 cm lang
- x Sicherheits- oder Klemmnadel

AUF EINEN BLICK

Bevor du beginnst, solltest du Folgendes schon gelernt haben:

Wie man mit der Maschine näht (Seite 29)

Tunnelsäume nähen (Seite 37)

FÜR DIE ERWACHSENEN

Ein »stylisher« Rock in A-Linie, der richtig Spaß macht! Da das Projekt aber ein bisschen Zeit kostet, unterteilt man es am besten in einzelne Schritte. Mit der Nähmaschine und dem Bügeleisen brauchen die Kinder Hilfe, vielleicht auch beim Durchziehen des Gummis durch den Tunnelsaum und dem Zusammennähen der Gummienden. Die Nahtzugabe beträgt hier ca. 0,8 cm (die Breite eine Nähmaschinenfüßchens).

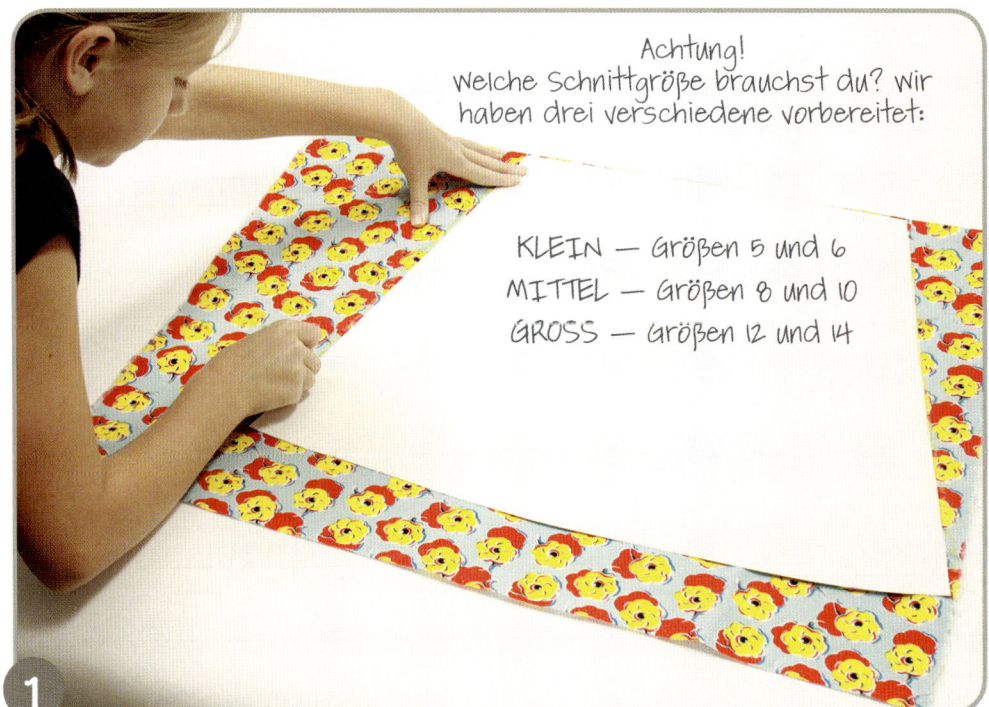

Achtung!
Welche Schnittgröße brauchst du? Wir haben drei verschiedene vorbereitet:

KLEIN — Größen 5 und 6
MITTEL — Größen 8 und 10
GROSS — Größen 12 und 14

1

Übertrage den Schnitt aus dem Anhang des Buches in der richtigen Größe mit Kreide zweimal auf den Stoff – oder du schneidest beide Teile gleichzeitig zu, indem du den Stoff vor dem Übertragen des Schnittes faltest.

FORTSETZUNG →

»Immer wenn ich meinen Rock anhabe, bin ich ganz stolz, wie gut ich schon nähen kann!«
– TESS, 9

2

Schneide die Stoffteile aus. Wenn du gleich beide Teile zuschneidest (was den Vorteil hat, dass sie die absolut gleiche Form haben), steck die beiden Stofflagen am besten vorher mit Stecknadeln fest, damit sie nicht verrutschen.

3

Lege die beiden Rockteile mit den rechten Seiten aufeinander und steck sie zusammen. Die Ränder sollen bündig liegen.

4

Nähe die Seitennähte mit der Nähmaschine zusammen. Wähle dazu einen geraden Stich.

5

Bügle die Nahtzugaben auseinander. Bitte dafür am besten einen Erwachsenen um Hilfe.

6

Für das elastische Bündchen in der Taille schlag den oberen Rand des Rockes ca. 1,25 cm nach innen um und bügle ihn mit Unterstützung eines Erwachsenen.

7 Jetzt schlag den Rand ein weiteres Mal um, diesmal 2,5 cm breit.

8 Auch diesen Umschlag bügelst du wieder zusammen mit einem Erwachsenen.

9 Nähe ca. 0,7 cm vom unteren Rand des Saums entfernt entlang. Beginne an einer der Seitennähte. Lass die Naht des Tunnelsaums noch ca. 5 cm weit offen.

10 Mit einer Sicherheits- oder einer Klemmnadel ziehst du das Gummiband durch den Tunnelsaum. Lass dir Zeit dabei.

Lass dir von jemandem helfen, wenn du den Rock anprobierst. Sitzt er gut? Steck die Enden des Gummibandes in der richtigen Länge am Stoff fest, bevor du ihn wieder ausziehst.

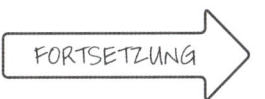

FORTSETZUNG

Sitzt alles gut?

Wenn du dir einen Rock nähst, kannst du dafür sorgen, dass er gut sitzt. Das geht so:

1. Probiere deinen Rock beim Nähen an. Ist er zu eng, kann es sein, dass du eine kleinere Nahtzugabe – oder gleich einen größeren Schnitt – nehmen musst. Ist er zu weit, muss die Nahtzugabe größer oder der Schnitt kleiner sein.

2. Überprüfe das Bündchen. Wenn du das Gummi in den Tunnelsaum gezogen hast, probier den Rock an. Bitte jemanden bei der Anpassung des Gummibandes an die richtige Länge um Hilfe. Steck die beiden Enden des Gummis mit Nadeln am Bündchen fest, bis du sie zusammennähen kannst.

3. Denke über die richtige Länge deines Rocks nach. Bevor du ihn umsäumst, probier ihn noch mal an. Denk daran, dass du für den Saum ca. 4 cm brauchst. Falls der Rock länger sein soll, mach den Saum schmaler. Du willst lieber einen Minirock? Falls ja, markiere die Länge mit Kreide. Benutz ein Lineal, falls deine Markierungen über 5 cm weit vom Rand entfernt liegen. Zeichne den neuen Rand ca. 4 cm unterhalb der Linie für die neue Länge ein. Schneide den überflüssigen Stoff ab, dann umsäume den Rock.

Nähe die beiden Enden des Gummibandes mit einem Zickzackstich zusammen.

12 Lege die Enden des Gummibandes übereinander, ohne dass es sich dabei verdreht. Nähe sie mit einem Zickzackstich zusammen. Wenn du unsicher bist, wie das geht, bitte einen Erwachsenen um Hilfe. Du kannst das Gummiband aber auch mit der Hand zusammennähen.

13 Schließe die Naht mit einem geraden Stich. Das Bündchen ist fertig.

14 Zeit für den Saum: Man macht ihn ähnlich wie den Tunnelsaum. Falte den Stoff an der unteren Kante einmal 1,25 cm mit der rechten Seite nach oben.

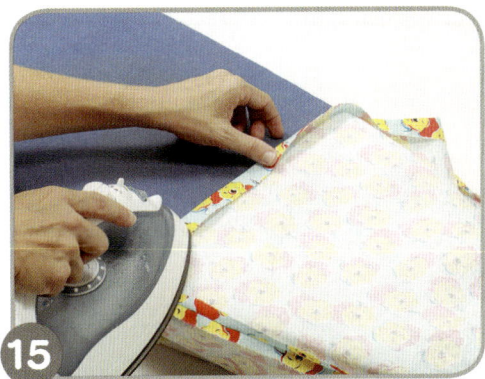

15 Mithilfe eines Erwachsenen bügle einmal rund um den Saum.

16 Falte ihn erneut in die gleiche Richtung, diesmal ca. 2,5 cm breit.

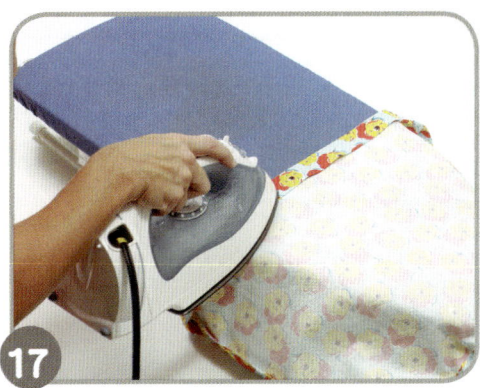

17 Den Falz wieder mithilfe eines Erwachsenen rundum bügeln.

18 Setz die Naht ca. 7 mm vom Rand entfernt. Orientier dich dabei am Nähfüßchen. Diesmal musst du den seitlichen Saum nicht offenlassen.

UNVERKENNBAR DEINS!

* *Soll dein Rock eine Tasche bekommen? Mach sie so groß oder klein, wie du möchtest.*

* *Verwende verschiedene Stoffe und Muster.*

* *Verändere die Länge des Rocks.*

* *Verziere den Rand des Rocks mit Nahtbändern, Schrägband oder einer Zickzack-Borte.*

* *Du möchtest den Rock lieber mit der Hand nähen? Verwende einen Vorstich für die Seiten- nähte. Orientiere dich an den Arbeitsschritten des Puppen- rocks (Seite 107).*

Dein allererster selbstgenähter Rock ist fertig! Zieh ihn gleich an – Du kannst mächtig stolz auf dich sein!

Meine Küchenschürze ☆☆

Für die Schürze verwendest du den gleichen Schnitt wie für deinen Rock (Seite 110). Wenn du sie erstmal anziehst, wirst du in der Küche nicht mehr zu halten sein!

Was du brauchst

- Schnittmuster
- Baumwollstoff (ca. 46 cm für eine kleine und 70 cm für eine mittlere oder große Schürze)
- Stoffreste und Borte für die Tasche
- Kreide, Schere
- ca. 2,5 cm breites Nahtband, ca. 140 cm lang
- Stecknadeln
- Nähnadel
- Faden

AUF EINEN BLICK

Bevor du beginnst, solltest du Folgendes schon gelernt haben:

Vorstich (Seite 24)

FÜR DIE ERWACHSENEN

Diese hübsche Schürze ist relativ einfach und schnell herzustellen. Einige Kinder brauchen vielleicht Hilfe beim Annähen des Bandes. Man könnte auch die Ränder noch umsäumen - mit der Hand oder mit der Maschine.

TIPP: Für die Schürze musst du die Schnittform nur einmal zuschneiden. Du brauchst den Stoff hier also nicht doppelt falten, wie bei deinem Rock.

1 Übertrage den Schnitt im Anhang des Buches in der richtigen Größe mit Kreide einmal auf deinen Stoff. Schneide die Form aus.

2 Falte die Schürze der Länge nach in der Hälfte und markiere die Mitte des oberen Randes mit Kreide.

3 Falte das Band in der Hälfte und markiere die Mitte mit Kreide.

Kreidelinien von Band und Schürze
aufeinander legen.

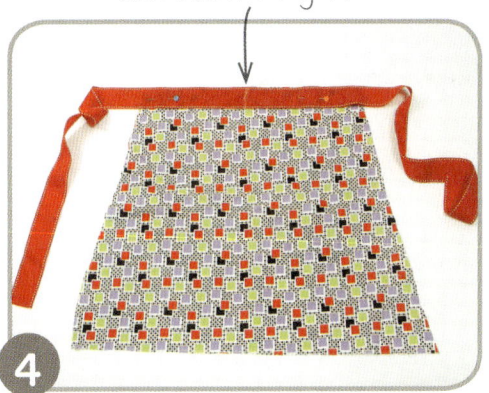

4

Kreidelinien aufeinanderlegen und das
Band an der Schürze feststecken.

5

Nähe das Band mit einem Vorstich an der
Schürze fest.

6

Wenn du möchtest, kannst du Taschen in
der Größe und Form deiner Wahl und
Borte ergänzen (wie bei der Decke auf
Seite 55).

Schnell die Schürze anziehen –
dann wird gekocht!

»Toll! Jetzt bleiben
meine Sachen beim
Kochen immer sauber.«
– GRACE, 8

»Wenn man seine Sachen nicht repariert, werden die Löcher immer größer.«

– ABBIE, 9

RECYELN & REPARIEREN

In diesem Kapitel geht es um das Reparieren und Wiederverwenden gebrauchter Dinge und Stoffe. Wie mache ich aus abgelegten Kleidungsstücken neue? Wie bringe ich etwas wieder in Ordnung, das ich noch gerne trage? Wir finden, man muss nicht immer gleich alles wegwerfen, das nicht mehr passt oder kaputt ist.

☆☆  **MEIN T-SHIRT-KISSEN,** Seite 120

☆☆  **CRAZY DAISY: KUNST ZUM ANPINNEN,** Seite 123

☆  **FILZ-FLICKEN,** Seite 126

☆☆  **BÜGEL-FLICKEN,** Seite 128

☆  **WO-OH-WO-IST-MEIN-KNOPF?,** Seite 129   ☆  **MEIN SAUM IST LOSE!,** Seite 130

☆  **FLICK DEN RISS,** Seite 130   ☆  **STOPFE DIE LÖCHER,** Seite 131

☆ *leicht*   ☆☆ *mittel*   ☆☆☆ *schwierig*

Mein T-Shirt-Kissen ☆☆

Aus alt mach neu: Das war mal ein T-Shirt!

Was du brauchst

- x altes T-Shirt
- x Schere
- x Lineal
- x Kreide
- x Stecknadeln
- x Nähnadel
- x Faden
- x Füllmaterial

verzichte nicht auf deine Lieblings-T-Shirts, nur weil sie zu klein geworden oder fleckig sind. Mach ein kuscheliges Kissen aus ihnen!

AUF EINEN BLICK

Bevor du beginnst, solltest du Folgendes schon gelernt haben:

Saumstich (Seite 27)

Ein Kissen ausstopfen (Seite 36)

FÜR DIE ERWACHSENEN

Mit diesem einfachen Kissen lassen sich zu klein gewordene T-Shirts clever recyceln. Vielleicht brauchen die Kinder Hilfe beim Zuschneiden. Erinnern Sie sie an die Nahtzugaben. Sonst sieht man später das Design vielleicht nicht mehr richtig.

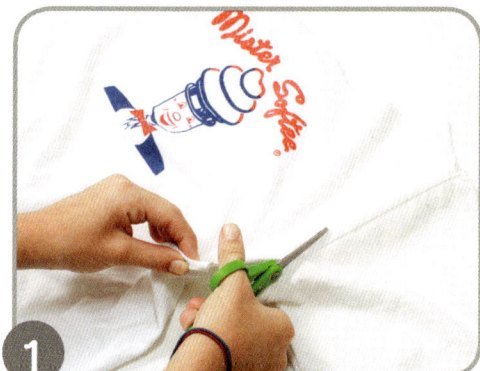

1 Schneide das T-Shirt an den Seiten, Ärmeln und am Hals in zwei Teile.

vergiss die Naht-zugaben nicht!

2 Wie groß soll dein Kissen werden? Zeichne mit Lineal und Kreide die Form vorne auf dein T-Shirt. Um das Motiv auf dem T-Shirt sollte genug Raum sein, damit man es später noch gut sieht.

3 Schneide die Kissenform aus.

FORTSETZUNG ➜

UNVERKENNBAR DEINS!

* Verwende zwei verschiedene T-Shirts für Vorder- und Rückseite des Kissens.

* Mach die Rückseite aus einem anderen Stoff.

* Versuch doch mal, ein Kissen in einer witzigen Form zu nähen: ein Herz, ein Kreis, ein Dreieck oder eine Raute.

* Mach eine T-Shirt-Tasche, indem du drei Seiten der Stoffquadrate zusammennähst und einen Tragegurt anfügst.

* Mach einen weichen Quilt aus deinen alten T-Shirts, indem du viele, viele kleine Stoffquadrate mit dem Saumstich zusammennähst.

* Mach aus den T-Shirt-Ärmeln hübsche Stirnbänder oder Kleider für deine Puppen und Kuscheltiere.

4 Steck die Kissenform auf der Rückseite des T-Shirts fest, die rechten Seiten jeweils nach außen. Schneide auch das hintere Stück aus.

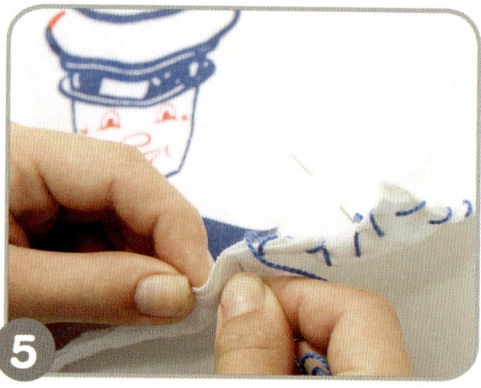

5 Schließ die Nähte rund um das Kissen mit dem Saumstich – bis auf eine kleine Öffnung für die Füllung!

Öffnung

6 Ziehe die Nadel vom Arbeitsfaden.

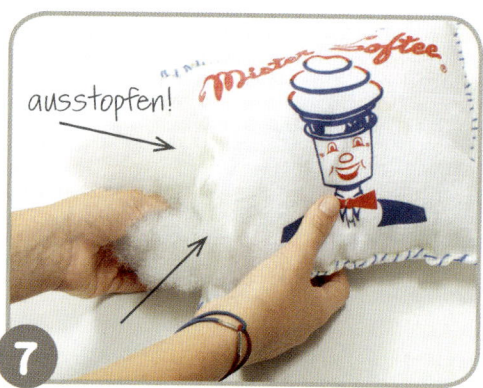

ausstopfen!

7 Befülle das Kissen. Fädele den Faden wieder ein und schließe die Naht.

Herzlichen Glückwunsch!
Du hast soeben erfolgreich
ein T-Shirt zu einem
Kissen recycelt!

Crazy Daisy: Kunst zum Anstecken ☆☆

Ist sie nicht hübsch, die CRAZY DAISY?

Mit ein bisschen Fantasie kann man alle Stoffreste in kleine Ansteck-Kunstwerke für Mützen, Kleider oder Rucksäcke verwandeln.

Was du brauchst

- x Schnittmuster
- x Filz- und Stoffreste
- x Schere
- x Kreide
- x Stecknadeln
- x Nähnadel und Faden
- x Sicherheitsnadel oder Bastelanstecknadel
- x Knopf

AUF EINEN BLICK

Bevor du beginnst, solltest du Folgendes schon gelernt haben:

Saumstich (Seite 27)

Einen Knopf annähen (Seite 31)

FÜR DIE ERWACHSENEN

Die Anstecker sind eine tolle Herausforderung für die kreative Fantasie der Kinder. Ermutigen Sie sie zu den buntesten Kombinationen. Beim Annähen der Nadeln könnten sie vielleicht ein bisschen Hilfe gebrauchen.

wusstest du, dass »crazy Daisy« im Englischen ein Gänseblümchen beschreibt? Eine andere Bezeichnung dafür ist »Tausendschön«. Die gefällt uns ganz besonders!

TIPP: Steck den Schnitt für das Blütenblatt auf den Stoff und schneide drum herum.

1 Übertrage die Schnitte für die drei Blüten aus dem Anhang des Buches auf den Stoff. Schneide jede Blütenblattlage in einer anderen Farbe zu!

2 Schneide die Stoffteile aus.

STAPELN

3 Lege sie der Größe nach übereinander.

FORTSETZUNG

4

Nähe in der Mitte der Blüten von hinten nach vorn durch alle Stoffschichten und zurück. Mach am Anfang des Fadens einen Knoten.

Nimm irgendeinen Knopf, der dir gefällt.

Bei uns ist es ein Ösenknopf.

5

Verwende zum Annähen eines Knopfes vorne auf unserer Crazy Daisy denselben Arbeitsfaden.

6

Nähe den Knopf an – mindestens zweimal durch Öse oder Löcher, damit er gut hält.

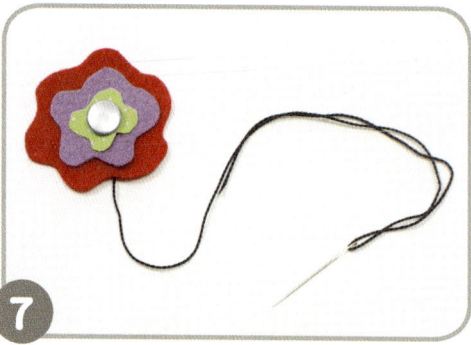

7

Führe die Nadel durch den Stoff auf die Rückseite, mach aber keinen Knoten.

Dein crazy-Daisy-Anstecker ist fertig! Du kannst ihn jetzt an ein Kleidungsstück oder an deinen Rucksack stecken.

8

Nähe die Anstecknadel (oder eine Sicherheitsnadel mit der geschlossenen Seite) mit einem Saumstich an. Führe die Nadel dabei nur durch das größte Blütenblatt. Wenn alles schön festsitzt, mach einen Knoten in die Nadel.

Hier-entlang-Anstecker

Dieser Anstecker wird nach der gleichen Anleitung hergestellt wie »Crazy Daisy«, nur die Form ist anders. Das Schnittmuster dafür findest du wie alle anderen am Ende des Buches.

Zuerst nähst du das Dreieck oben auf den Kreis: Es sieht aus wie das spitze Ende eines Pfeils.

Als nächstes nähst du den Knopf an.

Am Schluss kommt noch die Sicherheits- oder Anstecknadel – schon ist der Anstecker fertig! Wohin soll er zeigen?

Filz-Flicken ☆

Was du brauchst

- x Einen ausreichend großen Filzrest, der das Loch überdeckt
- x Kreide
- x Schere
- x Stecknadeln
- x Nähnadel
- x Faden

AUF EINEN BLICK

Bevor du beginnst, solltest du Folgendes schon gelernt haben:

Saumstich (Seite 27)
oder *Vorstich* (Seite 24)

FÜR DIE ERWACHSENEN

Auch Kinder können mit dem Nähen einen kleinen Beitrag im Haushalt leisten – und dabei zeigen, wie gut sie schon sind. Haben sie erstmal einige der Projekte dieses Buches mit ihren Grundtechniken bewältigt und an Selbstbewusstsein gewonnen, sind sie schnell soweit, dass sie auch alleine etwas nähen können.

1 Zeichne mit Kreide einen Flicken auf den Filz. Er muss etwas größer sein als die Stelle, die du ausbessern möchtest.

TIPP: Für einen festeren und bunteren Flicken kannst du auch zwei Lagen Filz ausschneiden.

2 Schneide das Filzstück bzw. die Filzstücke aus.

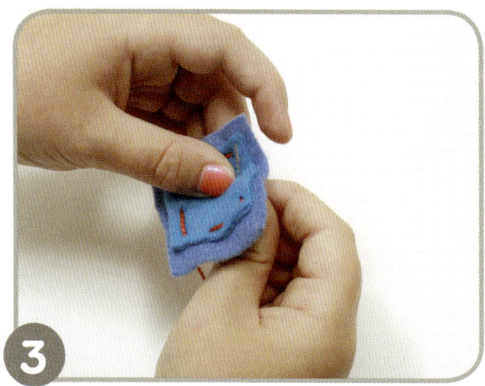

3 Hast du mehr als eine Lage, staple sie übereinander und Nähe sie mit dem Vor- oder dem Saumstich zusammen.

4 Steck den Flicken so auf den Stoff, dass er das Loch bedeckt. Achtung: Die Nadel darf nur durch die obere Stoffschicht stechen, sonst nähst du versehentlich einen Ärmel oder ein Hosenbein zu.

5

Nähe mit dem Saumstich in kleinen Stichen um die Ränder des Flickens herum, damit er gut hält.

Flicken aufzunähen, einfach so oder um ein Loch zu stopfen, das macht richtig Spaß!

Alles geflickt!

Gib deinen alten Sachen einen neuen Look!

Warte nicht auf den ersten Riss oder einen verlorenen Knopf, um deine abgetragenen Sachen zu reparieren. Setz schon vorher deine Nähkünste ein und verschönere sie! Frag aber vorher immer einen Erwachsenen, ob du das darfst.

* *Schneide Flicken aus einem Shirt und mach ein cooles T-Shirt daraus. Die Flicken machen sich auch gut auf Jeans oder Taschen.*

* *Wechsle doch mal die Knöpfe an einem Sweatshirt aus. Misch sie durcheinander. Achte nur darauf, dass die Knöpfe auch durch die Knopflöcher passen.*

* *Dekoriere Röcke, Pullover, Hosen oder Taschen mit Knöpfen oder Bändern.*

* *Nähe mit buntem Faden und dem Vorstich deinen Namen, Formen oder lustige Muster auf deine Sachen. Nähe mit dem Saumstich bunte Ränder an T-Shirts oder Pullover.*

Bügel-Flicken ☆☆

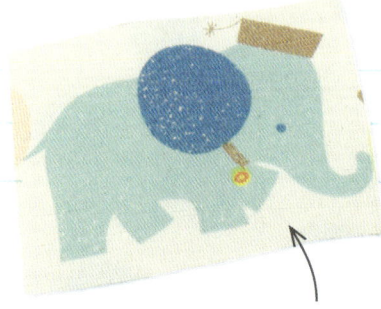

Was du brauchst

- x Einen Baumwollflicken, um das Loch zu verdecken.
- x Bügelvlieskleber (Bügelvlies)*
- x Schere
- x Bügeleisen
- x Stift oder Kreide
- x Lineal

Myanne hat Phoebes T-Shirt mit einem Elefantenaufnäher repariert (ein Erwachsener hat ihr beim Aufbügeln geholfen) – die ideale Methode für Flecken und kleine Löcher.

FÜR DIE ERWACHSENEN

Bei der Arbeit mit Bügelsaumband und Bügelvlies sowie dem Aufbügeln von Flicken brauchen die Kinder Ihre Hilfe.

*Bügelvlies kannst du in den meisten Handarbeitsgeschäften kaufen. Es hält zwei Stoffschichten ohne Naht zusammen.

1 Schneide einen Stoffflicken aus, der etwas größer ist als die Stelle, die du damit bedecken möchtest. Leg ihn auf eine Seite des Bügelvlieses und schneide ein gleichgroßes Stück heraus.

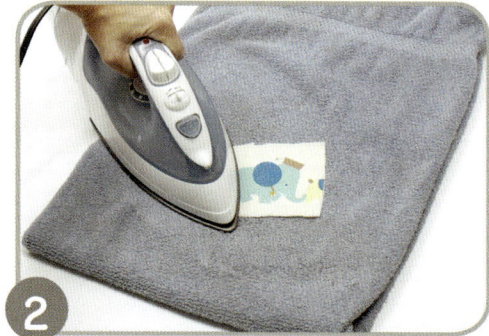

2 Folge den Anleitungen auf der Verpackung des Bügelvlieses, wenn du den Stoff und das Vlies zusammenbügelst. Lass dir dabei auf jeden Fall von einem Erwachsenen helfen.

Mit einem Lineal wird alles schön gerade.

3 Zeichne mithilfe eines Lineals die genauen Maße für die Stelle auf den Flicken, die du gerne damit abdecken möchtest. Den Flicken sauber entlang der Linien ausschneiden.

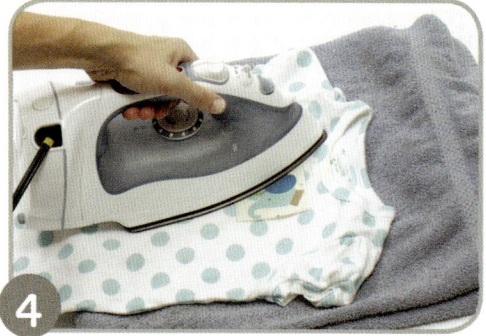

4 Leg den Flicken auf die Stelle, die bedeckt werden soll. Bügle ihn nach Anleitung auf der Bügelvliesverpackung auf.

Phoebes T-Shirt sieht jetzt sogar besser aus als vorher!

Wo-oh-wo-ist-mein-Knopf?

1 Wenn du einen Knopf unwiederbringlich verloren hast, such nach einem ähnlichen.

2 Probier zuerst aus, ob er durch das Knopfloch passt.

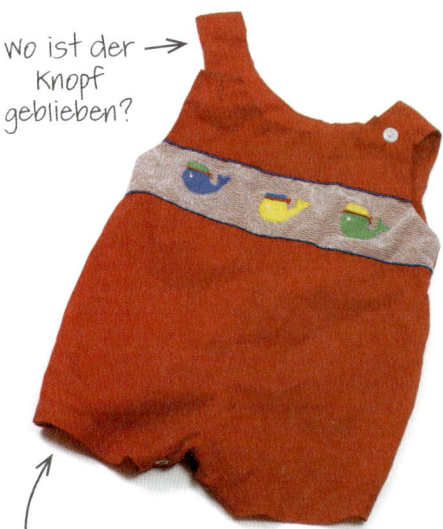

wo ist der Knopf geblieben?

Der kleine Frankie hat seinen Knopf verloren. Aber keine Sorge! Das lässt sich leicht reparieren.

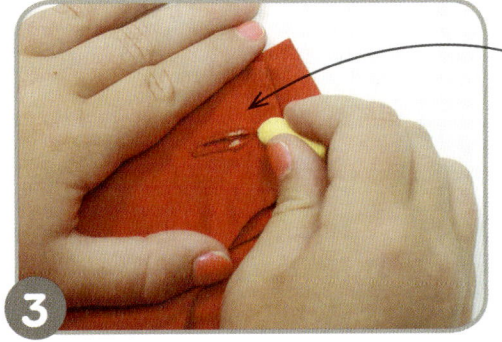

3 Markiere die Stelle auf dem Stoff mit Kreide, an der der Knopf sitzen soll.

TIPP: Sollte im Stoff noch ein Rest Faden vom alten Knopf hängen, Schneide ihn ganz vorsichtig ab. Aber nicht in den Stoff schneiden.

4 Nähe den Knopf an. Nähe mindestens dreimal durch die Knopflöcher. Am Ende verknote den Faden auf der Rückseite des Stoffes.

5 Probiere aus, ob der Knopf gut funktioniert, dann kannst du dein repariertes Kleidungsstück wieder tragen!

Jetzt kann Frankie wieder spielen gehen.

Mein Saum ist lose! ☆

Der Saum hat sich gelöst.

Manchmal lösen sich Säume und hängen dann unschön herunter. Keine Sorge: wenn man ihn wieder annäht, sieht er aus wie neu.

1 Dreh das Kleidungsstück auf links. Falte den Teil des Saums, den du reparieren möchtest, ordentlich an seinen Platz.

2 Mit dem Saumstich setzt du oben entlang des Überschlags eine Naht. Gehe dabei auf jeder Seite leicht durch den Stoff, bis der Saum vollständig befestigt ist.

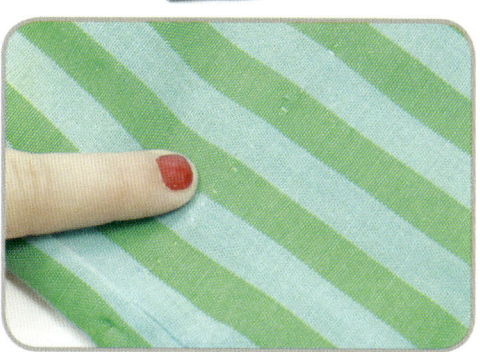

Kannst du die winzigen Stiche auf der rechten Seite des Hemdes sehen? Dann ist der Saum repariert.

Flick den Riss ☆

Säume können sich lösen oder einreißen, wie bei dieser Mütze.

1 Halte mit Daumen und Zeigefinger die Nähte zusammen. Vernähe beide Seiten mit kleinen, eng sitzenden Stichen.

2 Am Ende des Risses machst du einen Knoten und schneidest den restlichen Faden ab.

Man sieht gar nicht mehr, wo der Riss saß.

Stopf die Löcher ☆

Ein löchriger Pullover hält dich nicht warm! Manche Löcher stopft man lieber ohne Flicken.

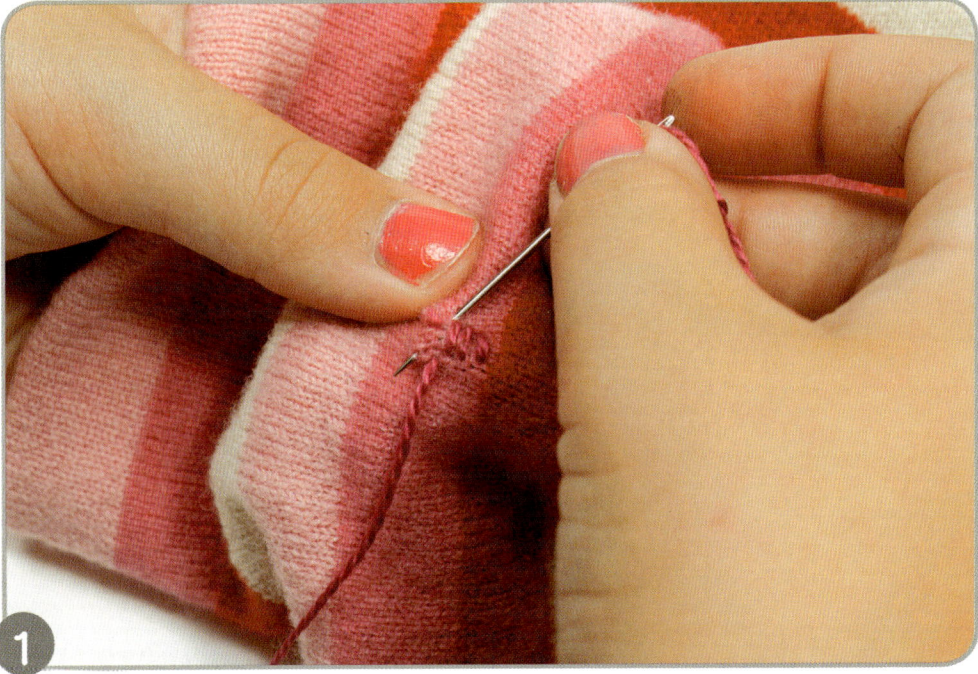

1

Fädle das passende Garn auf die Nadel und zieh es an der löchrigen Stelle von innen nach außen durch den Stoff des Pullovers. Halte die Seiten des Loches eng zusammen und verstopfe sie auf der Außenseite.

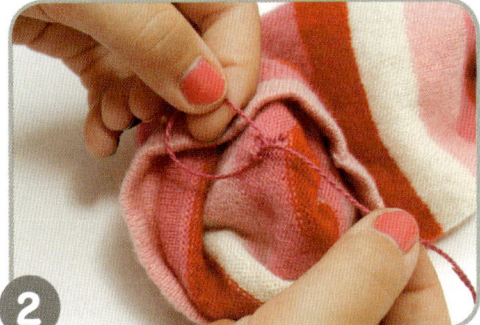

2

Ziehe die Nadel wieder nach innen, verknote den Faden und schneide ihn knapp oberhalb des Knotens ab.

Die Löcher sind verschwunden!

NOCH MEHR NÄHTIPPS

Schau dir die kaputten Stellen genau an und überleg dir, wie du sie reparieren könntest.

Welche Fadensorte solltest du passend zum Stoff verwenden? Für leichte Baumwollstoffe nimmst du am besten ein dünnes Garn (vergleichbar mit dem Nähmaschinengarn) und eine spitze Nadel mit einem kleinen Nadelöhr.

Für Pullover ist ein Handarbeitsgarn am besten geeignet.

TIERKLINIK

Viele Umarmungen können bei deinem Lieblingskuscheltier ihre Spuren hinterlassen. Aber keine Sorge: Wenn du erst einmal nähen kannst, lässt sich das alles reparieren. Du kannst sogar eine (Kuschel-)Tierklinik eröffnen! Das ist ganz einfach. Lass dir nur genug Zeit für alles. Stopf- oder Perlgarn (Seite 14) passt oft am besten zum Fell der Kuscheltiere. Jede »Wunde« ist etwas anders. Denk wie ein Tierarzt – und setz deine Nähkünste ein.

☆ **MACH ES WIEDER HEIL!,** Seite 134

☆ **HAST DU MEIN BEIN GESEHEN?,** Seite 135

☆ **ICH KANN NICHTS SEHEN!,** Seite 136

☆ *leicht*   ☆☆ *mittel*   ☆☆☆ *schwierig*

Mach es wieder heil! ☆

Beim vielen Spielen mit dem Kuscheltier, kann es schon mal ein Loch
bekommen, aus dem die Füllung herausquillt. Kein Problem für dich:
In deiner Kuscheltierklinik kannst du so etwas schnell reparieren.

TIPP: Kann sein, dass du die
Füllung mit einem Hölzchen
oder einen Bleistift wieder
hineinschieben musst.

1 Hat sich die Füllung durch eine kaputte Naht oder ein Loch schon selbstständig
gemacht, stopf sie vorsichtig Stück für Stück wieder zurück.

wie beim
Saumstich.

2 Nähe das Loch zu. Halte die Stoffränder
des Loches eng aneinander, dann nähe
sie von beiden Seiten mit kleinen, engen
Stichen – wie mit einem Saumstich – vorsichtig wieder zusammen.

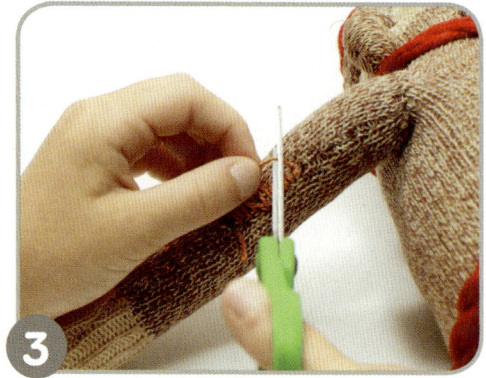

3 Am Ende vernähst du den Faden mit einigen Stichen, machst einen Knoten und
schneidest den Faden knapp über dem
Knoten ab.

Kein Loch mehr zu sehen!

Hast du mein Bein gesehen? ☆

Genau wie die Menschen können sich auch Kuscheltiere ein Bein oder einen Arm brechen. Falls das mal passiert, kannst du gleich Erste Hilfe leisten …

1

Steck das lose Teil gleich wieder an seinen Platz.

>»Jeder von uns wollte den Teddy haben! Mein Bruder und ich haben gezogen und gezogen! Auf einmal sind seine Arme abgerissen!«
>**– CAROLINE, 8**

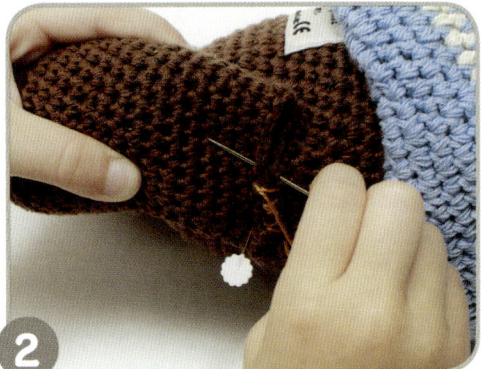

2

Nähe mit kleinen Stichen durch Körperteil und Körper, um das lose Teil wieder anzunähen.

3

Und schon ist alles gut verarztet!

Seid beim nächsten Mal ein bisschen vorsichtiger, okay?

Ich kann nichts sehen! ☆

Dein Kuscheltier oder deine Puppe haben ein Auge verloren? Wie gut, dass es dich und deine Tierklinik gibt! Du kannst das Auge zum Beispiel durch einen Knopf ersetzen (Seite 31). Allerdings näht man es nicht durch den ganzen Kopf des Tierchens fest. Ob du, wie wir hier, einen Ösen- oder doch lieber einen Flachknopf verwendest – die Anleitung ist die gleiche. Du musst nur bei den Schritten 5 und 6 aufpassen, dass du durch alle Löcher stichst.

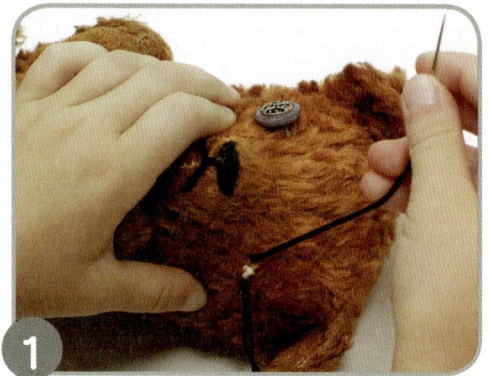

1 Führe die Nadel an der Stelle, an der der Knopf sitzen soll, durch den Knopf.

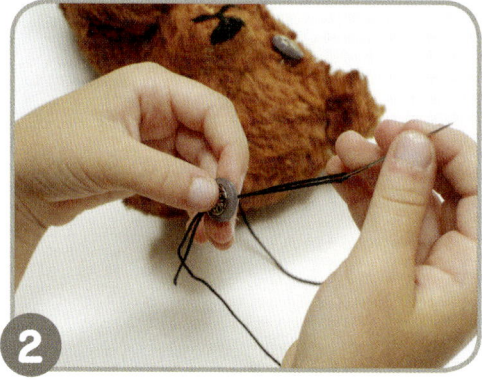

2 Ziehe den Faden stramm, dann führe den passenden Knopf auf die Nadel und lass ihn am Faden hinuntergleiten.

TIPP: Wenn du den verlorenen Knopf nicht wiederfindest, ist das kein Problem. Du hast sicher auch noch einen anderen, der als Ersatz dazu passt.

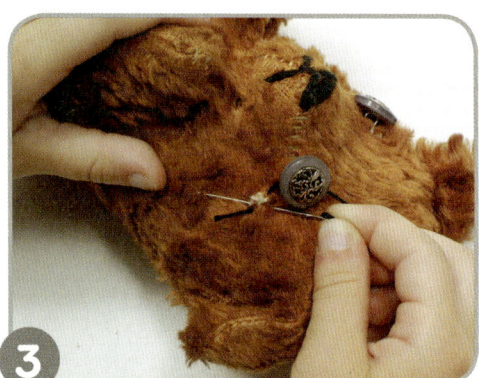

3 Führe die Nadel mehrfach an der Stelle auf und ab durch den Stoff, an der der Knopf sitzen soll.

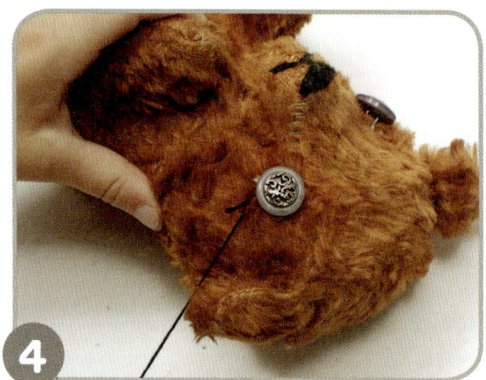

4 Ziehe den Faden wieder stramm.

5 Führe die Nadel wieder durch die Öse bzw. die Löcher des Knopfes.

Nähe nun wieder durch den Stoff. Wiederhole die Schritte 5 und 6.

Faden unterhalb des Knopfes verknoten, überstehenden Faden abschneiden.

So ist es schon viel besser!

In der Kuscheltierklinik

Es ist ein schönes Gefühl, wenn man anderen helfen kann! Also eröffne doch deine eigene Kuscheltierpraxis. Am meisten Spaß macht das in einer Gruppe von Freunden.

1. Frag bei Freunden, kleineren Geschwistern, Cousins und Cousinen herum, ob ihre Kuscheltiere ein bisschen Hilfe von der Kuscheltierklinik gebrauchen könnten.

2. Markiere die Tiere mit Klebeband oder kleinen Anhängern, sodass sie später zum richtigen Besitzer zurückfinden.

3. Du weißt ja: Ein guter Tierarzt ist immer gut vorbereitet. Diese Dinge solltest du also griffbereit haben: Faden, Knöpfe, Knopfaugen zum Annähen, Füllmaterial, Kunstfell und Filz.

4. Untersuche die Tiere genau auf Risse, Löcher und andere Schäden, die man reparieren muss. Man weiß nie, was man alles findet! Verarzte sie sorgfältig. Wir mussten sogar schon mal einen Filzgips anlegen, als unser Kuschelhund mal ein Bein gebrochen hatte!

5. Gib die Kuscheltiere ihren Besitzern zurück. Sie werden überglücklich sein, dass du ihnen helfen konntest, sodass es ihnen jetzt wieder besser geht.

»Jetzt bist du wieder gesund!«
– VANCIE, 6

Glossar für die kleine Nähschule

BAUMWOLLE

Baumwollstoff wird aus der Baumwollpflanze hergestellt. Er lässt sich leicht zuschneiden und verarbeiten, franst aber schnell aus. Baumwollstoffe haben eine »rechte« und eine »linke« Seite

FADEN

Faden ist ein langer dünner Strang aus Baumwolle, Nylon oder anderen Textilfasern. Verwende zum Nähen mit der Hand am besten farbiges Handarbeitsgarn (untrennbares und nicht fransendes Garn aus Baumwolle). Es hat für Anfänger genau die richtige Stärke. Wenn du den

Faden zurechtschneidest, denk immer daran: Die richtige Länge des Arbeitsfadens ist eine Armlänge.

FILZ

Filz ist ein dicker, etwas kratziger, farbintensiver Stoff, der nicht ausfranst: ein schönes Material zum Nähen, Aufkleben und Besticken. Seine Oberflächen sind auf beiden Seiten gleich. Er wurde früher ausschließlich aus Schafswolle hergestellt, inzwischen gibt es Bastelfilz auch aus Kunstfaser. Du kannst ihn für deine Projekte in Schichten auch mit anderen Stoffen kombinieren, wie bei den Untersetzern (Seite 86) und den »Topflappen (Seite 92).

FLEECE

Suchst du nach einem besonders weichen, kuscheligen und warmen Stoff, sollte Kunstfaser-Fleece deine erste Wahl sein. Da er nicht ausfranst, ist es besonders für schnelle, kuschelige Anfängerprojekte wie die Immer-bei-dir-Decke (Seite 55), die Mützeninvasion (Seite 101) und die Süße-Träume-Maske (Seite 98) sehr gut geeignet.

FÜLLMATERIAL

Füllmaterial brauchst du zum Ausstopfen von Kissen, Stuffies oder anderen Spielzeugen. Geeignet sind Füllstoffe aus Polyester, Baumwolle, Bambus oder Wolle. Im Notfall kannst du auch Stoff-

reste oder alte Lappen verwenden. Mehr zum Ausstopfen lernst du auf Seite 36.

GEWEBE

Ein Gewebe ist ein Stoff oder Textil, das aus Millionen natürlicher oder künstlicher Fasern besteht, die ineinander verwoben sind. Die »rechte« Seite eines Gewebes (die du bei deinen Projekten gerne nach außen trägst) ist in der Regel farbintensiver als die »linke«.

GUMMIBAND

Für einige Projekte in diesem Nähschulbuch brauchst du ein Gummiband – für die Süße-Träume-Maske (Seite 98) zum Beispiel und für deinen Rock (Seite 110).

Kauf dir am besten Band mit einer Breite von ca. 1,25 cm.

KLEMMNADEL

Dieses Hilfsmittel sieht aus wie eine Art Pinzette. Du benutzt sie, um Gummis oder Bänder durch Tunnelsäume zu ziehen. Du kannst dafür aber auch eine große Sicherheitsnadel verwenden.

KNOPF

Ein Knopf ist ein besonders leicht anzubringender Verschluss. Wir verwenden in diesem Buch entweder Flachknöpfe mit zwei, vier oder fünf Löchern oder Ösenknopfe. Früher waren Knöpfe häufig aus Holz, Horn, Perlmutt oder Knochen, heute sind sie meistens aus Plastik oder Metall (siehe auch Seite 31).

KURZWAREN

Dazu gehören Bänder, Zickzackborte, Spitze, Perlen, Glitzer, Stoffreste und Borten, Knöpfe, Reißverschlüsse und vieles mehr – eben alles, was man neben seinem Handwerkszeug zum Nähen braucht. Mit ihnen kann man Kuscheltieren oder Puppen ein Gesicht geben kann. Auch Kleider oder Geschenke lassen sich schön damit verzieren.

NÄHNADEL

Eine Nähnadel ist beim Nähen dein wichtigstes Werkzeug. Sie hat an einem Ende ein Nadelöhr und am anderen eine Spitze (siehe den Abschnitt »Anatomie einer Nadel« auf der Seite 22). Wir benutzen am liebsten spitze Chenille-Nadeln in Größe 22, die ein besonders großes Nadelöhr haben und sich angenehm leicht einfädeln lassen.

NADELEINFÄDLER

Das Einfädeln kann manchmal ganz schön knifflig sein. Ein Nadeleinfädler ist ein hilfreiches kleines Werkzeug mit einem Haken oder einer kleinen Metallschlaufe (die aber leider schnell bricht, besonders wenn man das Handarbeitsgarn durch Nadeln mit einem etwas engeren Nadelöhr zieht). Bewahre deinen Einfädler immer griffbereit zusammen mit deinen Nadeln auf.

NAHTZUGABE

Den Abstand zwischen deinen Stichen und der Schnittkante deines Stoffes nennt man Nahtzugabe. Wir rechnen in diesem Buch mit Nahtzugaben von ca. 0,8 cm Breite. Stell dir also den Rand am

Stoff vor: Setz eine Naht nicht zu dicht am Rand an, falls das Gewebe ausfranst. Dann halten deine Stiche nicht mehr. Wenn du mit der Maschine nähst, richtet sich die Nahtzugabe nach der Breite des Nähfüßchens.

NÄHKÄSTCHEN

Eine Schachtel, ein Körbchen, eine Keksdose oder eine Tasche – sie alle ergeben ein schönes Nähkästchen. Es sollte so groß sein, dass du all deine Nähutensilien gut darin unterbringen kannst (siehe Seite 14). In einem guten Nähkästchen findest du eine Nähschere, ein Nadelbuch, Nadel und Faden, einen Nadeleinfädler und eine Sicherheitsnadel/ Klemmnadel, mit der man Bänder oder

FORTSETZUNG

STICKEREIEN

Bei dieser Art des Nähens »zeichnest« du Bilder und Schrift mit Nadel und Faden auf den Stoff – etwa das Lächeln im Gesicht deines »Kleinen Freundes« mit dem Vorstich und einem roten Faden (Seite 53).

STOFFKLEBER

Mit diesem Spezialkleber kann man Gewebe verkleben, z.B. um ein fertiges Projekt mit Kulleraugen oder Filzstücken zu dekorieren. Lass dich am besten im Bastelgeschäft beraten, welcher Kleber sich für dich eignet.

STOFFSCHERE

Frag im Handarbeitsgeschäft, welche Schere sich für deine Altersklasse eignet und auch scharf genug ist. Klebe dir unbedingt ein Schild mit deinem Namen darauf und benutze sie ausschließlich, um Stoffe und Fäden damit zu schneiden – auf keinen Fall aber Papier, noch nicht mal die Schnittmusterbögen, sonst wird die Stoffschere stumpf!

Gummis durch Tunnelsäume zieht. Auch Schneiderkreide zum Übertragen von Schnitten, ein Lineal oder Maßband sowie ein Nadelkissen sollten nicht fehlen.

NESSEL

Dieser dünne Baumwollstoff eignet sich sehr gut zum Bemalen und Durchpausen. Nessel ist ein tolles Material für ein Kuscheltier (siehe Seite 49).

SAUMSTICH

Dieser Stich eignet sich sehr gut für Stoffränder mit geringer Nahtzugabe, oder wenn du zwei Stoffstücke am Rand zusammennähen möchtest. Der Saumstich wird über den Rand deines Werkstücks geführt und rahmt deine Näharbeiten schön ein. Du kannst auch einzelne Stoffstücke dekorativ mit Saumstichen abketteln, damit sie nicht ausfransen (Seite 27).

SCHNITTMUSTER

Formen, die man später in Stoff ausschneiden und zusammennähen möchte, werden vorher auf Papier gezeichnet und von dort auf den Stoff übertragen. Einen Papierschnitt kann man immer wieder verwenden. Für einige unserer Projekte wie das Sooo-weich-Kissen (Seite 47) kannst du deine Schnitte selbst entwerfen – die Formen sind sehr einfach. Zeichne sie auf Packpapier oder eine braune Papiertüte, schneide sie aus und übertrage sie mit Stoffmarker, Bleistift oder Schneiderkreide auf den Stoff.

SPULE

Eine Spule ist ein fester Gegenstand, auf den man sein Garn aufwickelt, damit es sich nicht verheddert. Im Handarbeitsgeschäft findest du Plastikspulen für Stickgarne. Du kannst dir auch selbst aus Pappe eine einfache Spule basteln (Seite 20).

TUNNELSAUM

Tunnelsäume sind breiter als andere Säume und innen hohl. Man nutzt sie für Gummizüge oder Bänder, z.B. bei Nähprojekten wie Kordelbeuteln oder Röcken mit elastischen Bündchen (Seite 37).

VORSTICH

Der Basisstich schlechthin beim Nähen ist der Vorstich. Du kannst damit zwei Stücke Stoff zusammennähen oder Bilder und Zeichnungen aufsticken. Du hast den Bogen raus, wenn deine Vorstichnaht aussieht wie eine gestrichelte Linie (Seite 24).

Nützliche Hinweise

Wenn euch diese kleine Nähschule Spaß gemacht hat, habt ihr bestimmt auch noch Lust auf weitere eigene Entdeckungen. In den hier aufgelisteten Büchern und Internetadressen findet ihr dazu viele Anregungen.

Bezugsquellen

Fast alles, was ihr zum Nähen braucht, findet ihr in den üblichen Handarbeitsgeschäften sowie online zum Beispiel unter diesen Adressen:

www.alles-fuer-selbermacher.de
https://basteln-de.buttinette.com/
www.etsy.com
https://evlis-needle.de
www.naehkaufhaus.de
www.naehpark.com
www.naehplatz.de
https://naehzauberei.de
www.noon-stoffmarkt.de
www.pinkchalkfabrics.com
www.schnuckidu.com
www.sewmamasew.com
www.stoffe.de
www.stoffkontor.eu
www.stoffolino.de
https://stoffspektakel.de
www.stoffundstil.de

Blogs

Nützliche Tipps und Tutorials rund um das Thema Nähen für Anfänger findet ihr u.a. unter diesen Internetadressen:

https://blog.buttinette.com/category/naehen/
https://ellepuls.com
https://funkelfaden.de/
https://insider.alles-fuer-selbermacher.de/
https://kinderleichtundschoen.blogspot.com/p/das-sind-wir.html
www.kreativlaborberlin.de
http://lillesolundpelle.com/blog/
https://nähen-für-anfänger.de
www.pattydoo.de/blog/naehen-lernen/
www.rapantinchen.de
https://seemannsgarn-handmade.de
https://simply-kreativ.de/
https://www.stoffreise.de

HINWEIS: Auch die Autorinnen dieses Buches sind mit einem Blog im Internet vertreten (leider nur auf Englisch).

http://sewingschool.blogspot.com

> »weiter nähen!«
> – MERIWETHER, 6

Bücher

Hier eine kleine Auswahl interessanter Bücher rund um das Thema Nähen:

Beneytout, Christelle: *Richtig nähen mit der Nähmaschine*, Stiebner Verlag 2015

– dies.: *Ihre perfekte Schneiderwerkstatt: Von der Nähecke zum Atelier – Raumaufteilung, Funktionalität und Ergonomie für kleine und große Arbeitsplätze*, Stiebner Verlag 2013

– dies.: *Der richtige Stoff für Ihr Nähprojekt*, Stiebner Verlag, Grünwald 2016

Domeki, Naoko; Makino, Shihoko: *Schöner Nähen mit Profitechniken*, Stiebner Verlag, Grünwald 2017

Fallon, Jules: *Kleidung. Das umfassende Handbuch für Nähen & Schneidern*, Stiebner Verlag, Grünwald 2015

Haynes, Christine: *Röcke & Kleider selbst genäht. Schnittmuster, Anleitungen und*

Tipps für Nähanfängerinnen, Stiebner Verlag, Grünwald 2015

Hulse, Caroline: *Weekend Style. SewCarolines Nähtipps für einfache Wochenend-Outfits (mit CD-ROM)*, Stiebner Verlag, Grünwald 2017

Lee, Linda: *Nähen mit Strickstoffen. Von der Schnittanpassung bis zu perfekten Säumen. Bewährte Methoden für Overlock- und Nähmaschinen*, Stiebner Verlag, Grünwald 2018

Mizuno, Yoshiko: *Nähen perfekt – Die Grundlagen sauberen Nähens*, Stiebner Verlag, Grünwald 2015

Petronis Plumley, Amie; Lisle, Andrea: *Nähschule. 21 Nähprojekte, die Kinder lieben werden*, Stiebner Verlag, Grünwald 2018

Vasbinder, Nicole: *Nähen – Tipps und Lösungen. Damit jeder Stich auf Anhieb klappt*, Stiebner Verlag, Grünwald 2016

Nicole Blum, Catherine Newman

Stitch Camp

18 ausgetüftelte Projekte für Kids + Teens

208 Seiten, 20,3 × 25,4 cm, Softcover, ISBN: 978-3-8307-2054-6

REGISTER

SCHNITTMUSTER

In dieser Tasche findest du die Muster für die in diesem Buch verwendeten Schnitte.

* wenn du die Schnitte auf den Stoff übertragen hast, falte sie zusammen und leg sie zurück ins Buch. Du kannst sie dann immer wieder verwenden!

* Denke daran, eine Papierschere zu benutzen, um die Schnitte auszuschneiden.